Sabine Skala

Sternenengel

Die neuen Boten Gottes

Bitte fordern Sie unser kostenloses Verlagsverzeichnis an:

Smaragd Verlag e.K.
Neuwieder Straße 2
D-56269 Dierdorf
Tel.: 02689-92259-10
Fax: 02689-92259-20
E-Mail: info@smaragd-verlag.de
www.smaragd-verlag.de

Oder besuchen Sie uns im Internet unter der obigen Adresse und melden Sie sich für unseren Newsletter an.

© Smaragd Verlag, 56269 Dierdorf
Erste Auflage: Januar 2018
© Cover: abacus - Fotolia
Umschlaggestaltung: preData
Satz: preData
Printed in Czech Republic
ISBN 978-3-95531-164-3

Urheberrechtlich geschützt.
Kopien für private und gewerbliche Zwecke, auch auszugsweise, nur mit Genehmigung von Smaragd Verlag.
Der Smaragd Verlag gibt keine Gewährleistung oder Garantie hinsichtlich der Angaben in diesem Dokument.

Inhalt

Sternenengel 9
Das Thema Seele 11
Erklärung der Zuordnungen 12
Der Heilige Kreis der zwölf Sternenengel 15

Die zwölf Sternenengel des heiligen Kreises 17
Amorosia – Sternenengel des Lichts und der Liebe 17
Aurelia – Sternenengel des Mutes und der Zuversicht 22
Goldase – Sternenengel des Reichtums und des Glücks 25
Kiwan – Sternenengel der Großzügigkeit 29
Lasaara – Sternenengel der Weisheit 33
Liberta – Sternenengel des Friedens und der Freiheit 36
Mercarius – Sternenengel des Schutzes 41
Mesentia – Sternenengel der Treue und der
göttlichen Würde 44
Mirinda – Sternenengel der Leichtigkeit und Schönheit 50
Selma – Sternenengel des Humors und der Freude 54
Tisia – Sternenengel der Güte 58
Türkisia - Sternenengel der Kinder und des Selbstwertes 61

Weitere Sternenengel 68
Alizia – Sternenengel der Kraft 68
Elga – Sternenengel der Integration 73
Crasanaa – Sternenengel der Gerechtigkeit 76
Gotzia – Sternenengel der Bestimmung 80
Klara – Sternenengel der Gesundheit 83
Maranta – Sternenengel der Meere und des Manta-Rochens .. 87

Marusa – Sternenengel des Ostens und von Russland 90
Salomon – Sternenengel der Einheit 92
Sandtifia – Sternenengel des Strandes und der Weite 96
Sethee – Sternenengel des Geistes 100
Silame – Sternenengel des Blitzes und der Ideen 104
Soraius – Sternenengel der Achtung des Wertes 107
Pentagus – Sternenengel der Politik 111
Ristia – Sternenengel der Erholung und Pause 115
Virgini – Sternenengel der Reinheit und der Weiblichkeit ... 118
Widmii – Sternenengel der Hingabe 123

Kristall-Sternenengel 126
Amethysia – Sternenengel der Wandlung
und Transformation 126
Kristallina – Sternenengel der leuchtenden Kristalle 130
Quirsina – Sternenengel des Rutil- und Rauchquarz 133
Selena – Sternenengel des Selenits 136
Servitzius – Sternenengel des weißen Strahls
und des Schnees 140
Topassia – Sternenengel des Topas 143

Sternenengel der Tiere 146
Delfinia – Sternenengel der Meerestiere 146
Fantasia – Sternenengel der Einhörner und Pegasi 150
Felta – Sternenengel der Felsentiere und Berge 154
Festa – Sternenengel der Tiere der Lüfte 159
Lisia – Sternenengel der Esel 165
Rintzia – Sternenengel der Herden- und Rudeltiere 169
Ritha – Sternenengel der Steppentiere 172

Meditation „Der heilige Kreis der Sternenengel" 177
Erklärung der Affirmationsgebete 179
Inhaltsangabe der Affirmationsgebete 180
Affirmationsgebete 181

Register der einzelnen Zuordnungen 210
   Elemente und Sternenengel 210
   Kristalle und Sternenengel 212
   Farbstrahlen und Sternenengel 216
   Gerüche und Sternenengel 219
   Symbole und Sternenengel 224
   Kraftorte und Sternenengel 228
   Krafttiere und Sternenengel 234
   Pflanzen und Sternenengel 240

Danksagung 256
Über die Autorin 246

Sternenengel

Sternenengel sind hochschwingende Lichtwesen, die in ihrer Energie den Einhörnern und Pegasi ähneln, doch ihre Energie ist feiner und zarter als die der kraftvollen und präsenten Erzengel. Die Schwingung der Erde erhöht sich stetig, und so können die Sternenengel nun endlich ihrer neuen Aufgabe nachkommen: den Menschen, Tieren, Pflanzen und der Natur auf ihrem Weg der Heilung auf Erden zu helfen. Lange war es für die Sternenengel nicht möglich, Kontakt mit uns aufzunehmen, doch da sich die schweren Energien von Tag zu Tag mehr lichten, ist der Weg nun frei für sie. 2017 hat sich die Schwingung auf Erden so erhöht, dass die Sternenengel nun ganz bei uns sind.

Sternenengel sind dem kosmischen Strahl Gottes zugeordnet und schaffen eine direkte Verbindung zu Gott. Sie sind meistens von weiblicher Energie, doch waren auch männliche Sternenengel anwesend, während ich dieses Buch schrieb. Lasst euch nicht durch die Präposition „der" Sternenengel irritieren. Ich konnte einfach nicht: „Türkisia ist die Sternenengel für Kinder und Selbstwert" schreiben. Es müsste aber eigentlich „Türkisia, die Sternenengel" heißen. Da wir aber alle die alte Zuordnung von dem Geschlecht Engel gewohnt sind, habe ich es dabei belassen.

Die neuen Boten Gottes wurden verschiedenen Bereichen zugeordnet, in denen sie helfen, unterstützen und stärken. Auch ein persönlicher Sternenengel wurde jedem zugeteilt. Er ersetzt nicht euren Schutzengel, sondern ist für andere Bereiche eures Lebens zuständig. Der Auftrag eures Schutzes von eurem Schutzengel bleibt bestehen. Mich begleiten die Sternenengel schon seit längerer Zeit, und immer wieder spüre ich, wie der

Kontakt zu ihnen jedes Mal stärker wird, so, als würde der Weg durch das Dickicht der alten Energie auf Erden immer freier werden.

Der Grund, warum sich die Sternenengel jetzt bei uns melden und zu uns kommen ist der, dass die Erzengel sich um die wichtigen Dinge der Welt und der Erde kümmern müssen. Natürlich sind die Erzengel und Engel nach wie vor für uns da, aber sie sind derzeit und auch in den kommenden Jahren sehr damit beschäftigt, Frieden auf Erden herzustellen und bestimmte Krisenherde zu transformieren, damit das Licht auf Erden bleiben kann und nicht durch die Machenschaften mancher Egos ausgepustet wird.

Die Sternenengel wurden von Gott gesandt, um die Erzengel und Engel zu entlasten. Ihr könnt die Sternenengel, wie ihr es bei den Engeln und Erzengeln gewohnt seid, einfach rufen. Sie werden kommen, um euch bei eurem Anliegen zu helfen. Kommuniziert mit ihnen so, wie ihr es bis jetzt mit den Erzengeln, Engeln und anderen Lichtwesen gemacht habt. Lasst euch ein auf die wundervolle Energie der Sternenengel, es lohnt sich. Habt Freude daran, sie in eurem Leben willkommen zu heißen. Lasst sie ein in euer Leben.

Das Thema Seele

Die Seele ist das Wichtigste, Wertvollste und Einzigartigste, was ihr auf Erden in euch tragt. Es gibt nichts Vergleichbares. Den Sternenengeln liegt es sehr am Herzen, dass ihr versteht, dass die Verbindung zu euer Seele Glück, Frieden, Liebe, Freude, Fülle und Gesundheit in eurem Leben bedeutet. Stimmt etwas in eurer Seele nicht, wird sich das früher oder später in eurem Leben, sei es auf körperlicher, psychischer oder energetischer Ebene, zeigen. Auch im beruflichen, finanziellen, partnerschaftlichen oder familiären Bereich wird sich eine Unstimmigkeit eurer Seele auf Dauer bemerkbar machen.

In den folgenden Botschaften der Sternenengel wird immer wieder von der Einheit der Seele gesprochen, von ihrer Kraft, ihrer Liebe und ihrer Einzigartigkeit. Sie möchten es euch so lange näherbringen, bis ihr erkannt habt, wie einfach es ist, sich mit der eigenen Seele zu verbinden und, vor allem, wie wichtig es ist, die Verbindung zu ihr aufzunehmen und das Eins-Sein mit ihr offen zu leben. Heilung, Glück, Fülle, Freude und Liebe zu erreichen muss nicht immer kompliziert sein, es geht auch einfach.

Erklärung der Zuordnungen

Zu jedem Sternenengel wurde mir eine Zuordnung durchgegeben. Es handelt sich dabei um Kristalle, Kraftorte und vieles mehr. Nachstehend eine nähere Erläuterung der einzelnen Bereiche:

Als Erstes wird das Element beschrieben, dem der Sternenengel zugeordnet ist. Bei Türkisia sind es die Elemente Luft und Wasser. Diesen Elementen fühlt sie sich nahe. Auch stehen die Elemente für ihre jeweiligen Energien.

Dann werden die Kristalle genannt, die dem Sternenengel zugeordnet sind. Es können ein Kristall oder auch mehrere Kristalle sein. Zudem gibt es die Möglichkeit, dass verschiedene Sternenengel den gleichen Kristallen zugeordnet sind. Mit den jeweiligen Kristallen könnt ihr euch den Sternenengeln näher fühlen. Tragt ihr einen Kristall zum Beispiel um den Hals, werdet ihr seine Energie spüren können und immer an seine Anwesenheit erinnert werden. Der Kristall verbindet euch mit der Kraft und Energie des jeweiligen Sternenengels. Bei Türkisa wären es der Türkis, der Dioptas und der Chrysopras.

Als Nächstes wird der Farbstrahl genannt, dem der Sternenengel zugehörig ist. Mit seinen Farbstrahlen könnt ihr in Meditationen, Heilbehandlungen oder anderen heilenden Methoden spirituell arbeiten. Nutzt diese wundervollen Energien, die eine starke heilende Schwingung haben.

Auch Gerüche stehen für einen Sternenengel. Wenn ihr den Geruch eines Sternenengels wahrnehmt, für den er steht, ist das immer ein Zeichen dafür, dass er in eurer Nähe ist. Bei Türkisia wäre es der Geruch von Zitrone und Vanille.

Das jeweils zugeordnete Symbol könnt ihr für die Kodierung eures Trinkwassers verwenden, es als Bild malen und aufstellen, oder, wenn es erhältlich ist, als Anhänger an einer Kette tragen.

Die Kraftorte bieten euch die Möglichkeit, euch bewusst mit der Energie der Sternenengel zu verbinden, bei Türkisia sind es die Kindergärten, die Wasserfälle und die Tropos- und Stato-sphäre. Bei der Tropos-und Stratosphäre wäre das jetzt nur energetisch möglich, aber in Kindergärten könnt ihr gehen, auch wenn dort derzeit keine Kinder von euch angemeldet sind. Oft reicht es schon, wenn ihr an einem Kindergarten vorbeigeht. Da Wasserfälle meistens zugänglich sind, könnt ich euch direkt dorthin begeben, um die Nähe von Türkisia auf Erdenebene zu spüren.

Die Krafttiere sind in den meisten Fällen Erdentiere, also selten Lichtwesen wie Einhörner oder Pegasi, die euch mit den Sternenengeln verbinden. Informiert euch über die spirituelle Bedeutung der jeweiligen Krafttiere, sie geben euch ebenfalls Hinweise für Heilung und Wandlung. Begegnet ihr einem Krafttier, ist das immer ein Zeichen, dass der Sternenengel in eurer Nähe ist oder euch bittet, Kontakt zu ihm aufzunehmen.

Hier könnt ihr nachlesen, welches Tier für welchen Sternenengel steht und so seine Botschaft empfangen. Der ausgewählte Sternenengel hilft euch mit seiner Botschaft, worauf ihr in eurem Leben achten solltet und was geheilt werden möchte. Bei Türkisia wären es das Kaninchen, die Hummel, der Löwe und der Bär.

Musik verbindet euch ebenfalls mit den Sternenengeln, bei Türkisia wäre es die Musik von Hackbrett und Zither.

So ist es auch bei den Pflanzen, sie stehen für die Symbolik ihres Seins und die Zugehörigkeit der Sternenengel. Türkisia ist den Gänseblümchen, Margeriten und Lilien zugeordnet.

Bei manchen Zuordnungen wundert ihr euch vielleicht, mir ging es genauso, als ich sie empfing. Die Sternenengel können jedoch sehr hartnäckig darauf bestehen, ihre Durchsage genauso niederzuschreiben. Ich kann euch also nicht sagen, warum Türkisia ausgerechnet die Musik von Hackbrett und Zither liebt. Sie hat es mir so mitgeteilt.

Beispiel der Zuordnungen beim Sternenengel Türkisia

Element:
Luft und Wasser
Kristall:
Türkis, Dioptas und Chrysopras
Farbstrahl:
Türkis mit goldenen Glitzerfunken
Geruch:
Zitrone und Vanille
Symbol:
Rose als Symbolform
Kraftort:
Kindergärten und Wasserfälle, die Tropos- und die Stratosphäre
Krafttier:
Kaninchen, Hummeln, Löwen und Bären
Musik:
Hackbrett und Zither
Pflanze:
Gänseblümchen, Margeriten und Lilien.

Der heilige Kreis der zwölf Sternenengel

Die zwölf Sternenengel des heiligen Kreises sind auserwählte Sternenengel und stehen für bestimmte Energien, Gefühle oder Bereiche des Lebens. Sie symbolisieren die heilige Zahl Zwölf und stehen alle in einem Kreis. Dieser Kreis gibt euch die Möglichkeit, in eure Mitte zu kommen und euch mit Liebe und Freude auffüllen zu lassen. Oft, wenn wir ausgepowert oder sogar traurig sind, helfen sie uns, uns wieder aufzurichten und mit Mut und Stärke unseren Weg weiterzugehen.

Die zwölf Sternenengel stehen für Licht und Liebe, Mut und Zuversicht, Reichtum und Glück, Großzügigkeit, Weisheit, Schutz, Treue und göttliche Würde, Leichtigkeit und Schönheit, Humor, Güte, Kinder und Selbstwert.

Der Kreis steht für die Vollendung des Lebens oder eine bestimmte Phase. Das Ende verbindet sich mit dem Anfang des Kreises, so wird alles in Liebe aufgelöst, was diesen Prozess beinhaltet hat. Oft wird diese Vollendung bei einer erfolgreichen Heilung empfunden, bei erfüllten Projekten oder gelungenen Transformationen alter Geschehnisse. Ihr werdet es fühlen, wenn es so weit ist.

Ich durfte eine der vielen Möglichkeiten einer Vollendung im Kreis bewusst erleben, als mein Kater Merlin mir eines Abends mitteilte: „Der Kreis ist nun geschlossen." Erst verstand ich nicht, konnte jedoch vor meinen Augen sehen, wie sich der Kreis schloss. Ich hatte eine ungute Vorahnung, die sich leider schnell bestätigte. Noch in der Nacht ging Merlin ins Licht. Der Kreis des Lebens hatte sich bei ihm geschlossen. Ehrlich gesagt, hätte ich auf diese Erfahrung der Vollendung des Kreises gerne verzichtet, aber er wurde ins Licht erhoben, um sich weiterzuentwickeln. Es gibt also viele Möglichkeiten und Situationen, die in die Vollendung eines Kreises münden, auch der Tod.

Der heilige Kreis der Sternenengel ist für alles und jeden da. Stellt euch in die Mitte der Sternenengel und atmet in euer Herz. Bittet darum, dass der Sternenengel aufleuchtet, der nun wichtig für euch ist. Ihr könnt dann seine Botschaft lesen, so erhaltet ihr noch einmal nähere Informationen zu dem Thema, das gerade bei euch ansteht. Vielleicht ist es auch nur ein Satz, der euch zur eigenen Erkenntnis bringt oder einen weiteren Impuls in euch auslöst. Der heilige Kreis wird euch weiterhelfen. Am Ende des Buches ist noch eine Meditation für den heiligen Kreis der Sternenengel beschrieben.

Die Sternenengel können auch einzeln gerufen werden, ohne dass sie im heiligen Kreis stehen, so, wie es für euch stimmig ist. Folgt und vertraut eurem Herzen.

Die zwölf Sternenengel des heiligen Kreises

Amorosia – Sternenengel des Lichts und der Liebe

Botschaft

Ich bin Amorosia und bringe euch das Licht und die Liebe Gottes. Dunkelheit ist nur der Mangel von Licht, also lasst mich das Licht Gottes zu euch tragen, damit die Schatten in euch erhellt werden.

Es ist eine Zeit auf Erden, in der alles möglich ist. Dunkelheit und Helligkeit, Freude und Leid, Liebe und Hass, Lachen und Weinen. Alles liegt eng beieinander und wird von seinem Gegenüber und euch genährt. Ihr braucht beide Seiten in euch, um das wahre Licht in euch zu erkennen. Die Wahrhaftigkeit in euch, eure Seele, ist die allumfassende Liebe und die einzige Verbindung zu Gott. Diese Verbindung ist immerwährend und kann von niemandem durchtrennt werden, außer von euch. Seid ihr eins mit eurer Seele, befindet ihr euch im Strahl der Liebe Gottes, der immer leuchtet und von besonderer Qualität ist. Diesen wundervollen Strahl könnt ihr nicht einteilen in Hell oder Dunkel, denn er schwebt über Allem-was-ist.

Euer Seelenstrahl Gottes existiert in einem Raum, den ihr als neutral bezeichnen würdet. Neutral, aber doch alles umfassend. In eurem Strahl ist alles vereint, sodass sich eine Energie des Eins-Seins alleine erschafft. Die Verbindung zu diesem göttlichen Strahl bringe ich euch. Vielleicht habt ihr eure Verbindung zu Gott derzeit verloren, zum Beispiel durch Kummer, Leid oder seelische und/oder körperliche Verletzungen. Dann kann es vorkommen, dass ihr die Verbindung zu eurer Seele und eurem Seelenstrahl nicht mehr fühlt. Ruft mich, damit ich euch helfe, diese Verbindung wieder aufzubauen.

Die Verbindung zu eurer Seele ist das Wichtigste auf Erden. Seid ihr eins mit der Liebe Gottes und eurer Seele und euch dessen immer bewusst, werdet ihr ohne große Schwierigkeiten oder Probleme durch die wirren Zeiten auf Erden gehen. Dabei begleite ich euch.

Auch in Situationen, die euch ausweglos erscheinen, erhelle ich euch den Weg, damit ihr aus dem tiefen Tal schreiten könnt. Lasst mich eure Situation mit diesem Licht füllen, so wird es leichter für euch, sie anzunehmen und euren Weg weiterzugehen.

Dunkle Stellen in eurem Körper können ebenfalls mit meinem göttlichen Licht energetisiert werden, sodass Blockaden schwinden. Lasst euch füllen mit diesem wundervollen und wertvollen Licht, lasst es zu. Gebt euch der Liebe und dem Licht Gottes hin. Ihr seid die Liebe und das Licht Gottes.

Vergesst nicht, dass ihr in eurem Leben nicht alles alleine bestehen müsst. Wir, die Sternenengel, die neuen Boten Gottes, die nun auf Erden kommen dürfen, helfen euch, wahrhaftig zu werden in eurem Sein.

Lasst uns gemeinsam voranschreiten, um die schweren und leichten Herausforderungen, die auf euch zukommen, zu bestehen.

Amorosia ist die Energie der Liebe, die in jedem ist.
Amorosia ist die Energie des Lichtes Gottes,
das in jedem von euch erstrahlt.
Ich erinnere euch an eure Verbindung zu Gott.
Ich helfe euch dabei, euch Gott wieder anzuvertrauen.
Ich helfe euch, die Liebe wahrlich auf Erden zu leben.

Begebt euch in den Strahl der Liebe und lasst sie in euer Leben scheinen. Die Liebe erhellt alles, was im Dunklen ist. Vertraut. Jetzt ist die Zeit, um in die Liebe zu gehen und auch dort zu bleiben. Vergesst mich nicht, denn ich bin der Engel der Liebe und des Lichts, der euch durch euer Leben trägt. Es ist Zeit, dass die Liebe endlich gesehen wird. Lasst sie in euch erstrahlen, sodass die Welt von euch schöpfen kann. Füllt euch selbst mit der Liebe Gottes, so schafft ihr einen gesicherten Raum um euch, der euch dabei helfen wird, alles zu sein, was ihr wahrlich seid.

Ich bin Amorosia und danke euch zutiefst, denn ihr seid göttlich.

Gebet

Lieber Sternenengel Amorosia, begleite mich in den kommenden Tagen, damit ich die Herausforderungen mit göttlichem Vertrauen und Freude annehmen kann. Lass dein göttliches Licht auf mich und mein Leben scheinen, damit sich alles klärt. Ich bin die Helligkeit in mir, die aus der Liebe Gottes erstrahlt. Ich bin die Liebe, die durch mich fließt. Ich bin das Licht Gottes. Danke. Amen.

Zuordnungen auf Erden

Element:
Feuer und göttliche Liebe
Kristall:
Rosenquarz in Form eines Feensteins
Farbstrahl:
Gold, Mandel, Apricot, Rosé und Pink

Geruch:
Mandelgebäck mit Aprikosenduft
Symbol:
Fünfeckiger Stern
Kraftort:
Vulkane und Sonnenstrahlen
Krafttier:
Elefant, Biene und Gottesanbeterin
Musik:
Gesang von Kindern
Pflanze:
Farn, Laubbaum und alle Rosenarten

Meditation „Göttliches Licht"

Geh in die Stille und atme bewusst in dein Herzchakra ein und aus. Tue das mehrmals, bis du eine innere Ruhe in dir verspürst. Stell dir dann vor, wie du das göttliche Licht über dein Kronenchakra einatmest und dein Herzchakra beim Ausatmen damit füllst. Rufe nun den Sternenengel Amorosia. Nimm ihre Anwesenheit wahr und fühle die hohe und feine Energie ihres Seins. Sie hält eine leuchtende Fackel in der Hand und sagt:

„Nimm das göttliche Licht, es gehört dir. Mit diesem göttlichen Licht kannst du alles erhellen, was du möchtest. Sei dir bewusst, dass das Licht sehr kraftvoll ist und auch alle Illusionen in dir erlöst. Geh weise damit um."

Empfange das göttliche Licht, das sich nun zu einer wundervollen Energiekugel verwandelt hat. Nimm das Licht und halte es in deinen Händen. Gib es nun in dein Herz oder atme es über deinen Mund in dein Herz ein, was dir am liebsten ist. Spüre, wie die Energie sich beim nächsten Atemzug in dir integriert und ein Teil von dir wird. Das göttliche Licht ist die Essenz Gottes, die in jedem von uns ist.

Mit dieser Meditation kannst du diesen Anteil in dir, also dein göttliches Licht, stärken und energetisieren und neue Kraft schöpfen.

Aurelia – Sternenengel des Mutes und der Zuversicht

Botschaft

Meine Lieben,

ich bin Aurelia, Sternenengel des Mutes und der Zuversicht, und möchte euch dabei unterstützen, euren Mut auf eurem Weg des Herzens nicht zu verlieren. Oft tauchen Situationen in eurem Leben auf, die euch die Zuversicht und den Mut verlieren lassen. Immer wiederkehrende Situationen und eintretende Geschehnisse zeigen sich auf eurem Weg. Ich helfe euch, die Muster, Blockaden und Resonanzen in euch aufzulösen, die diese Situationen und Geschehnisse verursacht haben, damit ihr Glück, Reichtum, Liebe, Freude und vieles mehr in eurem Leben empfangen könnt.

Hört auf euer Herz, auch wenn ihr es manchmal nicht wahrnehmen könnt, weil sich eine Dunkelheit von Kummer und Sorge darübergelegt hat. Ich schicke euch den leuchtenden Goldstrahl und meinen kristallblauen Strahl, der mir direkt von Gott für euch gesandt wird, um euer Herz wieder in göttlicher Liebe erstrahlen zu lassen. Nehmt ihn auf und lasst euch damit füllen. Dann werdet ihr Zuversicht und Mut in euch fühlen und den Weg eures Herzens wieder vor euch sehen und weitergehen.

Mut zu eurem Weg und zu euch zu stehen wird oft von euch verlangt, gerade wenn ihr nicht den gesellschaftlichen oder familiären Pflichten und den Erwartungen anderer nachkommen wollt. Steht weiterhin zu euch und lasst euch nicht von eurem Weg abbringen. Es ist euer Weg, den ihr alleine geht. Ihr entscheidet, wer und was euch auf dem Weg begleiten darf. Steht weiterhin hinter euch und lasst euch nicht davon abbringen, eurem Herzen zu folgen. Werdet euch klar darüber, was nicht mehr stimmig ist in eurem Leben, und habt den Mut, es zu ändern. Vielleicht ist es nur eine Geste, die ihr anders gestalten müsst, um eine Wandlung einzuleiten. Vielleicht ist es nur ein Gefühl, das ihr in euch transformieren müsst, um Leichtigkeit und Freude in euer Leben zu ziehen. Werdet von Tag zu Tag bewusster und spürt, was euch guttut und was nicht. Fühlt, was ihr wahrnehmt, und habt den Mut, notfalls Veränderungen einzuläuten. Ich stehe hinter euch und stärke euren Rücken, sodass ihr nicht nach hinten oder zur Seite fallen könnt. Ich bin da und helfe euch. Folgt eurem Herzen, folgt eurer Liebe, folgt eurer Seele, denn sie tragen eure Bestimmung auf Erden in euch.

Danke, dass ihr schon so weit auf eurem Weg gekommen seid. Ihr seid ein Vorbild für viele Menschen, die in ihrer Dunkelheit das Licht noch nicht erkennen können. Doch ihr strahlt mit eurer Seele und eurer Wahrhaftigkeit zu ihnen und eröffnet ihnen neue Möglichkeiten, ihren Weg auf Erden zu gehen. Ich danke euch für euer Strahlen, euren Mut und eure Zuversicht, die ihr in euch tragt.

In tiefer Liebe, Aurelia

Gebet

Liebe Aurelia, bitte stärke mich in meinem Mut und in meiner Zuversicht, damit ich weiter meinen Weg in göttlicher Kraft gehen kann. Ich bin die Zuversicht. Ich bin der Mut. Ich bin die Liebe und das Glück. Amen.

Zuordnungen auf Erden

Element:
Erde und Feuer
Kristall:
Feueropal, Azurit und Aquamarin
Farbstrahl:
Kristallblau und Gold
Geruch:
Zypresse und Vanille
Symbol:
Brücke von Berg zu Berg und Steg an einem See oder am Meer
Kraftort:
Meer, Berge, Glastonbury, Kraftort der Azteken, Kraftorte der Kelten in Deutschland
Krafttier:
Hund, Bär, Wolf, Pandabär und Schwalbe
Musik:
Pauke, Trommel und Querflöte
Pflanze:
Eiche, Tulpe und Vergissmeinnicht

Goldase – Sternenengel des Reichtums und des Glücks

Botschaft

Liebe Sternenschwestern und -brüder,
wir alle sind geboren aus der Saat Gottes. Entsprungen dem göttlichen Licht in seiner strahlenden Liebe und vereint in der Essenz unserer Seele. Das Kostbarste, das ihr in euch tragt, ist eure Seelenessenz, denn sie ist Teil von Gott. Gott ist Alles-was-ist. Gott ist Fülle und Reichtum, und Gott ist das Glück auf Erden – im Himmel, in den Sternen und überall dort, wo die göttliche Energie existiert. Ihr tragt also den puren Reichtum in euch. In euch strahlen der Reichtum und das Glück Gottes. Werdet euch dessen immer wieder bewusst, denn diese Quelle Gottes füllt euch mit allem, was ihr braucht, um in Liebe, Freude und Glück zu leben.

Viele von euch haben diese wundervolle Quelle der Liebe in sich vergraben oder sind dazu erzogen worden, sie zu unterdrücken. Traut euch, näher hinzuschauen und die Ursache für diese Schutzmauern zu erforschen. Es kann ein langer Weg der Heilung sein oder ein kurzer, je nachdem, wie stark der Schutz beziehungsweise die Hülle ist, die eure Seele ummantelt. Durchschreitet ihr den Wandel bereits seit längerem, dann wird es ein Leichtes sein, eure Seele zu befreien. Die Hülle um eure Seele kann verschiedene Gründe haben: alte Erziehungsmuster, Missbrauch, verletzende Worte und Handlungen, frühere Leben, in denen ihr Eide, Schwüre oder Versprechen abgelegt habt, usw. Geht dem nach, es lohnt sich, die Seelenessenz in euch erstrahlen zu lassen.

Meine Seelenstrahlen helfen euch, die Ursache für das Verbergen eurer Seele zu finden und zu heilen. Türkis, Blau, Pfirsich, Gelb und Gold sind meine Farben, die den Weg zu eurer Seele erhellen können. Sind die Seelenverletzungen zu tief oder die Narben zu fest, dann holt euch Hilfe – nicht nur von den Engeln und Meistern, sondern auch auf Erden, um in die Heilung gehen zu können. Beides muss geheilt werden, die selbst erschaffene schützende Hülle um eure Seele und die dahinterliegenden Verletzungen. Nicht alle haben Verletzungen in der Seele, das müssten schon sehr schwerwiegende Erlebnisse in der Vergangenheit und/oder Gegenwart gewesen sein. Aber die Hülle trägt fast jeder von euch um seine Seele, auch wenn ihr denkt, sie wäre frei. Ist der richtige Zeitpunkt gekommen, werdet ihr erfahren, ob noch etwas eure Seele umfängt oder nicht.

Jeder von euch trägt den Reichtum seines Seins in sich. In eurer Seelenessenz lebt ihr eure Bestimmung, für die ihr auf Erden gekommen seid. Dort sitzt der Reichtum, der den materiellen Reichtum auf Erden in euer Leben zieht. Lebt ihr eure Bestimmung vollkommen, dann räsoniert ihr den Reichtum im Außen.

Es geht dabei nicht immer darum, einen Heilberuf auszuüben. Die Bestimmung, die sich in euren spirituellen Fähigkeiten spiegelt, könnt ihr in jedem Beruf und in jeder Tätigkeit leben, die euch Freude bereitet. Wichtig ist nur, dass ihr diese aus reinem Herzen lebt. Ich begleite euch auf dem Weg zu eurer Seele und freue mich darauf.

Goldase, Sternenengel des Reichtums und des Glücks

Gebet

Liebe Goldase,

ich bitte dich, mich an die Essenz meiner Seele zu begleiten. Löse alles auf, was meine Seele vom bedingungslosen Strahlen abhält. Alle Hüllen, Mauern und andere Energien, die meine Seele umfangen, löse ich auf. Ich bitte dich, lass meine Seele in neuem göttlichen Glanz erstrahlen. Danke.

Ich bin die Essenz meiner Seele in Vergangenheit, Gegenwart und Zukunft. Ich bin die Liebe, das Licht und die Freude in meinem Leben. Ich bin der Reichtum und das Glück. Ich bin meine Seele. So sei es. Amen.

Zuordnungen auf Erden

Element:
Pure Seelenessenz zugeordnet sowie Feuer und Erde
Kristall:
Feuerstein, Opal, Feueropal, Citrin und Bergkristall
Farbstrahl:
Türkis, Blau, Pfirsich, Gelb und Gold
Geruch:
Pfirsich, Gold- und Diamantenstaub und brennendes Feuer
Symbol:
Dreieck auf einem Kreis
Kraftort:
Obstgärten in der Blüte und Bergseen
Krafttier:
Feuersalamander, Hirsch und Phönix
Musik:
Violine

Pflanze:
Strelitzie und Hyazinthe

Für diesen Sternenengel gibt es keine Meditation, für die Befreiung eurer Seele bitte ich euch, euch an einen Therapeuten, Heiler oder Heilpraktiker zu wenden.

Kiwan – Sternenengel der Großzügigkeit

Botschaft

Liebe Seelen auf Erden,
ich bin Kiwan, der Sternenengel der Großzügigkeit, und sende euch all die göttliche Liebe, die ihr bereit seid, zu empfangen und auch weiterzugeben.

Großzügigkeit ist in eurer Welt leider außer Mode geraten. Dabei war es die Großzügigkeit, die den Menschen Hoffnung darauf gab, dass das Gute im Menschen wirklich existiert. Ich spreche von finanzieller und emotionaler Großzügigkeit. Früher wurden großzügige Menschen verehrt. Heute, in eurer Zeit auf Erden, ist es inzwischen so, dass Menschen, die großzügig sind, verwundert oder sogar auch misstrauisch von ihren Mitmenschen angesehen werden. Kann es wirklich sein, dass jemand mehr gibt, als nötig ist? Kann es sein, dass jemand gibt, ohne etwas dafür zu verlangen? Das fragt ihr euch, anstatt in Freude die Geschenke des Lebens anzunehmen.

Die Welt, in der ihr euch befindet, lebt derzeit noch von hohen Erwartungen und Anforderungen. Nur wer etwas gibt, erhält etwas. Nur wer etwas leistet, bringt es zum Erfolg. Nun, leider stimmt das aber nicht mehr. Viele Menschen leisten täglich viel Arbeit, und dennoch leben sie an der Armutsgrenze. Die Energien von Geben und Nehmen sind aus dem Gleichgewicht geraten. Unzufriedenheit kommt auf, und das zu Recht.

Viele Menschen halten ihr Geld zurück, sie horten es. Das sind nicht nur die Reichen, sondern auch diejenigen, die ihr Geld aus verschiedenen Motivationen heraus nicht ausgeben wollen. Wäre mehr Geld im Umlauf, würde die Wirtschaft florieren und neue Arbeitsplätze geschaffen werden. Ängste, zu verarmen, sind die hauptsächlichen Gründe für das Festhalten und Bunkern von Geld. In dieser Zeit auf Erden ist bei vielen das Vertrauen verlorengegangen. Das Vertrauen, dass auf allen Ebenen immer für sie gesorgt wird. Leider wurde eure Einstellung zum Geld durch viele tatsächliche Geschehnisse geprägt. So sehr, dass es euch schwerfällt, euch davon zu befreien. Viele von euch üben bereits, sich wieder ins Vertrauen zu begeben und aus der Struktur und dem Massenbewusstsein der Leistungs- und Geldgesellschaft auszubrechen, und das mit Erfolg. Lasst euch frei und geht wieder ins Vertrauen, das euch Gott von Anbeginn eures Seins geschenkt hat.

Wir wissen aber auch, dass die Energie des Mangels, die euch oft heimsucht, Leid und die Not in euer Leben zieht. Geht in die Fülle und in die Energie der Großzügigkeit, dann lösen sich das Leid und der Mangel auf. Hört nicht auf die Medien, die euch immer wieder weismachen wollen, dass ihr es nicht wert seid, Geld zu besitzen. Hört nicht darauf, was im Alter mit euch geschehen wird, wenn ihr nicht sorgsam in die gesetzlichen Rentenkassen einzahlt. Diese Institutionen sind die ersten, die insolvent werden. Verlasst euch also nicht auf diese scheinbare Sicherheit, sondern geht neue, eigene Wege, die Wege eures Herzens. Sie führen euch in den Reichtum, der euch von Gott gegeben wird und den ihr bereits in euch tragt.

Lasst euch füllen mit der Energie der Großzügigkeit, damit ihr eure eigene Großzügigkeit wieder aktivieren könnt. Großzügigkeit heißt, in Liebe zu geben und nichts dafür zu verlangen und zu erwarten. Es ist eine wundervolle Energie, die in Vergessenheit geraten ist. Holt sie wieder ins Rampenlicht und lebt die Großzügigkeit. Lasst euch auf sie ein, und ihr werdet erkennen, in welchen Bereichen und Situationen ihr großzügig sein könnt.

Großzügigkeit wird oft mit Geld gleichgesetzt, und meistens hat sie auch damit zu tun, aber es geht auch um die Großzügigkeit eures Herzens. Seid großzügig im Geben eurer Liebe, seid großzügig im Geben eures Mitgefühls, eurer Freude oder auch eurer Klarheit. Alle Energien und Gefühle können Großzügigkeit ausstrahlen. Ich helfe euch gerne dabei, in großzügiger Liebe zu leben. Danke.

Kiwan

Gebet

Liebe Kiwan,

bitte aktiviere mich in meiner Großzügigkeit und lass mich erkennen, wo ich großzügig sein kann. Stärke mich in meiner Wandlung vom Mangel in die Fülle. Ich bin bereit, diesen Weg zu gehen. Danke. Amen.

Zuordnungen auf Erden

Element:
Wasser und Erde
Kristall:
Gold, Diamant, Shiva Auge und Aventurin
Farbstrahl:
Hellblau, Gold und Türkisgrün
Geruch:
Orange und Veilchen, gebrannte Mandeln und Zuckerwatte
Symbol:
Kleeblatt
Kraftort:
Kleeblattfeld, Goldschmiede, Schmuckwerkstatt und Schmuckatelier

Krafttier:
Skarabäus, Kreiselschnecke, Schwein und Ferkel
Musik:
Urtümliche Volksmusik aller Länder
Pflanze:
Weide mit Palmkätzchen, Goldregen und Vergissmeinnicht

Lasaara – Sternenengel der Weisheit

Botschaft

Seid gegrüßt, ich bin Lasaara, der Sternenengel der Weisheit. Ich umhülle euch mit meinem smaragd- und goldfarbenen Strahl und lasse euch eure eigene Weisheit fühlen.

Die Weisheit ist eine wundervolle Kraft, die in jedem von euch wohnt. Öffnet euch für sie, sie ist eine gute Ratgeberin und weist euch euren Lebensweg. Manchmal sind es nur kleine Gedanken oder Impulse, die sich als innere Weisheit zeigen. Auch Worte, die ihr beim Vorbeigehen in einem Gespräch anderer wahrnehmt, können euch mit eurer eigenen Weisheit verbinden. Oft genügt ein Satz, um eine Reaktion in euch auszulösen, die euch zu einer neuen Erkenntnis bringt. Die Erkenntnis entspringt immer eurer inneren Weisheit. Informationen, Wissen und Erfahrungen aus diesem oder früheren Leben sind in eurer inneren Weisheit gespeichert. Sie brauchen ab und an eine Art Zündung von außen, um in euer Bewusstsein zu gelangen.

Wenn ihr Erkenntnis für weise Entscheidungen in eurem Leben benötigt oder mal nicht weiterwisst auf eurem Weg, dann ruft mich. Ich sende euch die Zeichen, die ihr benötigt, um eure eigene Weisheit zu spüren und zu erkennen, um aus eurem Herzen entscheiden zu können.

Viele Heiler, Lichtarbeiter und Therapeuten tragen die innere Weisheit offen in sich. Es besteht eine immerwährende Verbindung, die ihnen bei der Behandlung und Beratung ihrer Klienten und Patienten weiterhilft. Es geht dabei nicht um das erlernte und anerzogene Wissen, sondern um das Wissen, das ihr schon ewig in euch tragt. Diese Weisheit kann sich in Form von guten Taten, wissenden Worten, Hellfühligkeit, Hellsichtigkeit, Hellhörigkeit oder anderen spirituellen Fähigkeiten zeigen. Eure göttliche Weisheit ist direkt mit der Weisheit Gottes verbunden. Sie befindet sich in eurer Seele, und je mehr ihr mit eurer Seele verbunden seid, desto klarer empfindet ihr eure Weisheit und könnt sie offen aussprechen und danach handeln. Doch auch Menschen in anderen Berufsgruppen, die ihrer Arbeit mit wahrer Freude und reinem Herzen nachgehen, leben ihre göttliche Weisheit auf Erden.

Stellt euch in meinen smaragdgrünen und goldfarbenen Strahl und lasst euch mit seiner wundervollen Energie füllen. Ich verbinde euch mit eurer Weisheit und stelle die bewusste Verbindung wieder zu ihr her. Seid ihr bereit? Dann los! Lasst euch überraschen.

Der Sternenengel Lasaara

Gebet

Liebe Lasaara,

ich rufe dich und bitte dich, deinen smaragdgrünen, goldfarbenen Strahl über mich scheinen zu lassen. Ich öffne mich für deine Energie und bin bereit, Verbindung mit meiner eigenen Weisheit aufzunehmen. Ich bin eins mit meiner Weisheit. Ich bin die göttliche Weisheit und lasse sie in mein Leben fließen. Ich bin dankbar für meine göttliche Weisheit, denn sie hilft mir, die Wahrhaftigkeit meiner Seele zu leben. Amen.

Zuordnungen auf Erden

Element:
Göttlicher Äther und Luft
Kristall:
Malachit, Peridot und Gold
Farbstrahl:
Smaragdgrün und Gold
Geruch:
Zitronenbäume an der Amalfi Küste
Symbol:
Vollendeter Kreis

Kraftort:
Malediven
Krafttier:
Kolibri, Plankton, Marienkäfer und Rotkehlchen
Musik:
Vogelgesang und Vogelgezwitscher
Pflanze:
Orchidee

☆☆☆

Liberta – Sternenengel des Friedens und der Freiheit

Botschaft

Seid gegrüßt,
ich bin Liberta, der Sternenengel des Friedens und der Freiheit, und dem hellblauen Strahl zugeordnet, der unzählige glitzernde Sterne in sich trägt. Die glitzernden Sterne stehen für alle Seelen, die frei und in Liebe auf Erden leben. Umso größer ist meine Freude, euch davon zu erzählen, dass es jeden Tag mehr werden. Auch wenn es so scheint, dass Frieden derzeit nur in ausgewählten Gebieten auf Erden herrscht, kann ich euch sagen, dass die Friedensenergie täglich größer wird. Durch das wahrhafte Sein, das viele von euch bereits leben, werden der Frieden und die Liebe stärker. Seid euch bewusst, dass ihr die Macht in eurer Hand habt und die Liebe in eurem Herzen tragt, um die Erde in eine neue Dimension, die Dimension des Friedens, zu führen.

Frieden ist ein großes Thema, und ich bin dankbar, dass ich diesen Bereich erhalten habe. Frieden ist mit die stärkste Kraft im Universum. Seid ihr im Frieden mit euch, werden Worte der Wut und der Unzufriedenheit sofort in hohe lichte Energie umgewandelt. Wichtig ist, dass ihr wirklich im inneren Frieden seid und nicht in der inneren Ruhe. Frieden ist eng verbunden mit der Energie des Vertrauens, denn wenn ihr vollkommen vertraut, entsteht Frieden in euch. Auch wenn ihr noch Blockaden oder Muster in euch tragt, Frieden könnt ihr jederzeit entstehen lassen, indem ihr alle eure Sorgen und Nöte an Gott abgebt und vertraut, dass alles zu eurem Besten geschieht und gelöst wird.

Jeder von euch trägt den Kristall des Friedens in sich. Ist er aktiviert, leuchtet er in einem tiefen Blau. Ist er trüb und strahlenlos, ist er in euch vergessen worden. Viele Menschen möchten keinen inneren Frieden, denn die Wut oder Aggression, die Sorge oder das Leid sind der Inhalt ihres Lebens. Sie wissen nicht mehr, wie es sich anfühlt, in der Liebe und im Frieden mit sich und der Welt zu sein. Seid ein heller Strahl des Friedens für diese Menschen, damit sie eine andere Möglichkeit erkennen können, auf Erden zu leben, nämlich in Liebe, Glück und Frieden. Nur durch euer Strahlen, eure Liebe und euren Frieden können sie das Licht im Dunkel ihres Zorns erkennen.

Geht in euch und fragt euch selbst, ob ihr überhaupt Frieden in euch fühlen wollt. Frieden trägt eine Stille in sich, die noch nicht viele aushalten können. Zu viel Lärm und auch die Lautstärke eurer Gedanken halten euch jeden Tag, ja, sogar in jeder Sekunde, davon ab, wirklich die Stille des Friedens zu erfahren. Entscheidet euch für den Frieden. Habt den Mut, in die Stille zu gehen, um den Frieden eurer Seele zu hören und zu fühlen.

Ich bin Liberta, und ich bringe euch den Frieden und die Freiheit. Seid ihr bereit dazu?

Freiheit ist eine Energie, die gelernt werden möchte. Viele von euch haften noch an alten Verhaltensmustern oder Gewohnheiten, die verhindern, in die Freiheit zu gehen. Minisekunden oder Minuten der Freiheit konntet ihr bereits in Momenten erleben, in denen euer Geist still war. Die Stille bringt euch die Freiheit eurer Gedanken, der erste Schritt zu einer gelebten Freiheit. Geht immer wieder in die Stille und lasst die Freiheit in euch größer werden. Seid gedanken-los.

Voraussetzung für die eigene Freiheit ist die bewusste Entscheidung dazu. Es geht dabei nicht um die äußere Freiheit, sondern als Erstes um die innere Freiheit. Die äußere Freiheit entwickelt sich, wenn ihr euch für die innere Freiheit entschieden habt und sie lebt.

Viele Menschen haben Angst vor der Freiheit, denn sie könnten sich darin verlieren. So abwegig ist diese Angst gar nicht, denn die absolute Freiheit bedeutet auch, alles selbst entscheiden zu müssen, selbst zu erschaffen und auch die Verantwortung für das eigene Leben zu tragen. Bevor ihr in die absolute Freiheit geht, ist es wichtig zu wissen, was ihr im Leben wollt. Ohne das ist es schwierig, in der Freiheit zu verweilen. Geht in euch und nehmt wahr, was euch Freude in eurem Leben bereitet. Was ist euer größter Herzenswunsch? Was ist eure Vision? Was würdet ihr tun, wenn ihr in der wahren Freiheit wärt? Freiheit von allem, von Geld, Familie, Beruf, was würdet ihr dann tun? Wäre es eine Weltreise oder einfach nur im Wald spazieren zu gehen? Ist es ein materieller Wunsch oder ein Projekt zum Wohl aller? Was würdet ihr in der absoluten göttlichen Freiheit tun? Wer würde euch führen, wer begleiten? Könntet ihr allein in die Freiheit gehen und dort verweilen?

Freiheit und der Frieden sind große Themen, die nur nach und nach erkannt und gelebt werden können. Gebt euch die Zeit, die ihr braucht. Ich helfe euch dabei.

Euer Sternenengel Liberta

Die Freiheit ist die Energie des Universums:
weit, tief, grenzenlos und unendlich.

Gebet

Ich bin Frieden. Ich bin Freiheit. Ich lasse geschehen und vertraue. Liebe Liberta, bitte unterstütze mich dabei, meinen inneren Frieden zu finden. Ich bin bereit, den Frieden in mir zu leben. Ich öffne mich der Freiheit und lasse den Frieden ein. Ich bin Frieden, ich bin Freiheit auf allen Ebenen meines Seins auf Erden. Amen.

Zuordnungen auf Erden

Element:
Luft
Kristall:
Bergkristall
Farbstrahl:
Tiefblau wie der Ozean
Geruch:
Unentdeckte Perlen
Symbol:
Wellen
Kraftort:
Meer
Krafttier:
Adler, Delfin und Löwe
Musik:
Gesang der Wellen und der Delfine
Pflanze:
Lilien

Meditation „Reinigung des blauen Kristalls des Friedens"

Geh in die Stille und atme bewusst in dein Herzchakra ein und aus. Tue das mehrmals, bis du eine innere Ruhe in dir verspürst. Stell dir dann vor, wie du das göttliche Licht über dein Kronenchakra einatmest und dein Herzchakra beim Ausatmen damit füllst. Rufe nun Sternenenel Liberta und bitte sie, dir zu helfen, deinen blauen Kristall des Friedens zu klären und zu reinigen. Dann bitte darum, deinen Kristall des Friedens vor dir sichtbar werden zu lassen. Stell dir vor, wie dein blauer Kristall in deinen Händen Form annimmt. Betrachte ihn. Wie zeigt er sich dir? Ist er bereits klar und strahlend blau? Oder ist er verschmutzt oder matt in seiner Farbe? Umgibt ihn eine andere Energie? Wie schaut dein blauer Kristall des Friedens aus? Wenn du nichts sehen kannst, geh über dein Gefühl. Wie fühlt sich dein Kristall an?

Erkläre nun deine Absicht für einen klaren und strahlenden Kristall. Entscheide dich dafür, Frieden in dir spüren und leben zu wollen. Bitte nun Liberta, deinen Kristall von allem zu reinigen, was ihn daran hindert, in seiner vollen Pracht und Kraft zu erstrahlen. Libertas Strahl klärt nun deinen Kristall so lange, bis er klar und glänzend ist. Beobachte diese Reinigung und Wandlung.

Ist die Transformation beendet, achte und ehre deinen Kristall und nimm ihn in Liebe in deinem Herzen auf. Fühle, wie sich nun Frieden in dir ausbreitet. Atme ein in die Freiheit, die der Kristall in dir ausstrahlt.

Verweile in dieser wundervollen Energie, so lange du möchtest, und komme dann wieder in deine Gegenwart zurück. Dein blauer Kristall des Friedens ist nun gereinigt und geklärt.

Die Freiheit ist die Energie des Universums:
weit, tief, grenzenlos und unendlich.

Mercarius – Sternenengel des Schutzes

Botschaft

Liebe Seelen auf Erden,

ich begrüße euch und freue mich, dass ihr euch die Zeit genommen habt, meine Botschaft an euch zu lesen. Die Sternenengel konnten jetzt endlich auf Erden kommen, um euch auf eurem Weg der Wandlung und Heilung zu helfen.

Ich bin Mercarius und biete euch den Schutz der göttlichen Liebe und Weisheit an. Meine Aufgabe ist der von Erzengel Michael sehr ähnlich. Mit Michael arbeite ich oft von Ebene zu Ebene zusammen. Meine Energie ist fluoreszierend in einem kräftigen Kristallblau, sodass ihr mich auch in der Dunkelheit erkennen könnt.

Ruft mich, wenn ihr Schutz benötigt, sei es auf einer Reise, bei einem schwierigen Gespräch, Gerichtsverhandlungen, Prüfungen, Aufträgen in luftiger Höhe oder anderen Begebenheiten, bei denen ihr nach Schutz verlangt oder ihn braucht. Meine Aufgabe ist es, euch den Schutz zu geben, den euch euer Schutzengel nicht geben kann. Es sind übergeordnete Abläufe und Augenblicke, die er nicht einsehen kann, da er auf der Erde ganz nah über euch wacht.

Ich schütze euch über einen längeren Zeitraum, zum Beispiel während eines Flugs oder einer Reise. Ich agiere aus einer übergeordneten Ebene, die alle Energien beobachtet, die in die jeweilige Situation mit hineinspielen. Dieses Zusammenspiel halte ich in der göttlichen Ordnung.

Immer noch fließen Energien in das Bewusstseinsfeld der Erde, die versuchen, euer Sein zu manipulieren. Lasst euch nicht von dieser Information ängstigen, wir kümmern uns darum, diese von euch fernzuhalten. Seid beruhigt, diese beeinflussenden Energien werden nach und nach weniger werden. Der Druck, der sich von diesen Energien auf Erden derzeit noch aufbaut, wird schon bald ein niedriges Niveau an Energien erreichen, sodass sie nicht mehr existieren können. Fühlt ihr den Impuls, mich zu rufen, egal, in welcher Situation ihr euch befindet, komme ich zu euch, um meinen blauen Strahl auf euch zu lenken und euch zu schützen.

Ihr könnt die Energie meines kristallblauen Strahls selbst für euch nutzen, indem ihr euch vorstellt, dass ihr in einer blauen Kugel steht. Ich werde von zwei blauen Greifen begleitet, die mir bei meiner Arbeit helfen. Ich schütze euch!

Erzengel Mercarius

Gebet

Lieber Mercarius, bitte schütze mich in meiner jetzigen/ kommenden Situation. Ich bin im Vertrauen. Ich bin das Licht. Ich bin die Liebe und der Schutz Gottes. Ich trage den göttlichen Schutz in mir und um mich herum. Ich vertraue darauf, dass ich überall geschützt bin vor dem, was mich von allen Ebenen aus verletzen könnte. Danke. Amen.

Zuordnungen auf Erden

Element:
Luft, der Tropo- und Stratosphäre zugeordnet
Kristall:
Onyx und Topas
Farbstrahl:
Kristallblau

Geruch:
Moschus und frische Waldluft am Abend
Symbol:
Dreizack
Kraftort:
Stonehenge, der tiefe Wald und die hängenden Gärten von Semiramis
Krafttier:
Tiger, Wolf, Habicht und Meerkatze
Musik:
Trompeten- und Hornklänge
Pflanze:
Eiche, Lotusblüte und Kaktee

Mesentia[1] – Sternenengel der Treue und der göttlichen Würde

Botschaft

Seid gegrüßt, ihr Lieben auf Erden. Lange ist es her, dass wir uns getroffen haben. Es war zu Zeiten der Entstehung der göttlichen Essenz. Wir haben uns für verschiedene Wege entschieden, die unsere Seelen gehen sollten. Ich komme nun zu euch, um euch daran zu erinnern, wofür ihr damals gestanden habt. Liebe, Reinheit und Freude waren die Energien, die euch durch euer Sein trugen. Wo sind sie geblieben? Ich nehme sie zwar in euch wahr, aber in einer Form, die nicht mit der damaligen zu vergleichen ist. Die Energie in euch hat sich konzentriert, aber nur in ihrer Größe, die Stärke ist fast geschwunden. Warum seid ihr euch durch all die vergangenen Jahre, Jahrhunderte, Jahrtausende nicht treu geblieben? Waren es wirklich so viele schreckliche Erfahrungen, die die Liebe, die Reinheit und die Freude in euch schrumpfen ließen?

Ich möchte euch daran erinnern, wie die ursprünglichen Energien von Liebe, Reinheit und Freude aussahen. Die Liebe war so unermesslich schön und lichtvoll wie das ganze Universum. Die Reinheit war so klar wie der Mondstrahl in der Nacht und die Freude so lebendig wie die Kinder Gottes. Lasst euch wieder ein auf diese wundervollen Energien, die in jedem von euch zu finden sind.

Viele von euch haben bereits den Weg der Liebe eingeschlagen, es ist der Weg eures Herzens. Nun gilt es, auch den Weg der Reinheit und der Freude mit eurem Herzensweg der Liebe zu vereinen, sodass sie wieder eine einzigartige Kraft ausstrahlen, die an eure Ursprünglichkeit der göttlichen Essenz erinnert. Lasst alle Ängste und Zweifel los, denn ihr braucht sie

---

1 Mesentia wird wie folgt ausgesprochen: Mesentzia.

nicht mehr, um den göttlichen Weg auf Erden zu gehen. Lasst euch frei und fühlt euch so wertvoll, dass ihr es nicht mehr nötig habt, der Angst in euch zu glauben und zu folgen. Die Zeit ist gekommen, in der Liebe, der Reinheit und der Freude zu leben. Die Ampeln sind alle auf Grün geschaltet, die Schranken sind offen, geht los und genießt diesen neuen Weg.

Um diesen Weg zu gehen, ist es wichtig, eure Würde, die ihr verloren habt, wieder zum Leben zu erwecken. Würdelosigkeit macht sich nicht offenkundig bemerkbar, sondern zeigt sich in kleinen Momenten und Situationen, die euch vielleicht bis jetzt noch nicht bewusst waren. Augenblicke, in denen ihr das tun musstet, was von euch verlangt wurde, ohne dass es für euch stimmig war, sind würdelose Momente. Gespräche, die für euch negativ ausgehen und nach denen ihr euch gedemütigt oder unterdrückt fühlt, sind würdelos. Diskussionen, die keine eigene Meinung zulassen, wie auch Entscheidungen, die aus Pflichtgefühl, Zuverlässigkeit oder scheinbarer Treue zu sich selbst getroffen werden, sind würdelos. Versprechen, die einmal gegeben wurden, aber jetzt ihre Kraft und ihren Sinn verloren haben, zählen zu der Würdelosigkeit, die ihr jetzt lebt.

Gut gemeinte Handlungen, die die Würde eures Gegenübers herabsetzen, sind würdelos. Dazu gehört der Satz: „Ich habe es doch nur gut gemeint!" Diese gut gemeinte Hilfe ist eine der beliebtesten Handlungen bei euch Menschen, aber sie ist würdelos, weil ihr die Hilfe für jemand anderen nicht aus reinem Herzen getroffen habt. Ihr habt über seinen Kopf entschieden, weil ihr es gut gemeint habt. Ihr habt dabei die Grenzen übertreten und den freien Willen des anderen nicht respektiert. Wenn ein Mensch Hilfe braucht, sagt er es. Wenn nicht, möchte er keine, auch nicht, wenn sie von anderen gut gemeint ist. Ihr begebt euch dadurch in eine Energie, die die Würde eures Gegenübers herabsetzt und so automatisch auch eure Würde sinken lässt. Hört auf, es nur gut zu meinen, tut es aus eurem Herzen heraus oder gar nicht.

Geht wachsam durch euer Leben und spürt, wann eure Würdelosigkeit erscheint oder wo ihr sie bei anderen erscheinen lasst. Habt den Mut, eure Meinung zu sagen, auf liebevolle und neutrale Art. Lasst nicht eure Wut, eure Angst, eure Zweifel oder euren lädierten Selbstwert sprechen, sie sind keine guten Wegweiser und Ratgeber. Ruft mich, wenn ihr euch in diesen Situationen befindet. Ich gebe euch den Mut, anders zu handeln oder wenigstens die Würdelosigkeit, in der ihr euch befindet, zu erkennen und sie dann gleich zu wandeln. Bleibt euch treu, so, wie ihr es damals wart und immer noch in eurer Seele seid.

Die göttliche Essenz ist eure Herkunft. Ihr habt ihr euch zugehörig gefühlt, so tut es auch jetzt, in dieser Hinsicht hat sich nichts verändert. Der Weg zur göttlichen Essenz ist immer für euch offen, ihr müsst ihn nur gehen. Eure Seele ist die kürzeste Verbindung zur göttlichen Essenz, denn sie ist eins mit ihr. Werdet eins mit eurer Seele, dann seid ihr eins mit eurer göttlichen Essenz. Vertraut eurer Seele und öffnet euch, sie kennt den Plan auf Erden, für den ihr gekommen seid. Ich helfe euch dabei.

Sternenengel Mesentia.

Gebet

Lieber Sternenengel Mesentia,
ich danke dir für deine Klarheit und bitte dich, mir dabei zu helfen, die Verbindung zu meiner Seele wieder deutlich zu spüren. Ich bin die Seele der göttlichen Essenz. Ich bin meine Seele der göttlichen Essenz. Ich bin eure Seele der göttlichen Essenz. Wir sind eins in Gott. Danke. Amen.

Zuordnungen auf Erden

Element:
Erde und göttliches Licht

Kristall:
Labradorit, Mondstein, heller Opal und Zultanit im Antikschliff und im Treppenschliff, aber auch in der Form, die euch begegnet.

Farbstrahl:
Dunkeltürkis, Helltürkis und Kristallblau

Geruch:
Frisch gebackenes Brot und frisch umgegrabene Erde

Symbol:
Kreis mit zwei diagonalen Strichen

Kraftort:
Frisch gepflügte Felder, Wasserlöcher in den Bergen und frische Luft im Winter und auf den Berggipfeln dieser Welt

Krafttier:
Hund, Kobra, Leopard und Kolibri

Musik:
"Badinerie" von Johann Sebastian Bach, Suite Pour Orchestre No.2, BWV 1067

Pflanze:
Preiselbeere, Enzian und Rose

Meditation „Klarer Lebensweg"

Geh in die Stille und atme bewusst in dein Herzchakra ein und aus. Tue das mehrmals, bis du eine innere Ruhe in dir verspürst. Stell dir dann vor, wie du das göttliche Licht über dein Kronenchakra einatmest und dein Herzchakra beim Ausatmen damit füllst.

Rufe nun Sternenengel Mesentia und bitte sie, dich mit deiner Herkunft der göttlichen Essenz zu verbinden. Lass dich darauf ein, eins zu werden mit dem Strahl von Mesentia, er wird dir bei dem Kontakt mit deiner göttlichen Essenz helfen. Spüre, wie ihr Strahl über dein Kronenchakra einfließt, deine Seele berührt und deine Seele immer präsenter wird. Spüre ihre Kraft, die aus ihr strahlt und dich mit ihrer einzigartigen Energie füllt. Es ist die reine Liebe, der du dir immer treu sein wolltest. Werde eins mit der Liebe deiner Seele, werde eins mit deiner Seele. Du kannst es fühlen. Wenn du es noch nicht fühlen kannst, stell dir das Eins-Sein mit deiner Seele erst einmal bildlich vor. Mit der Zeit führt die bloße Vorstellung dazu, deine Seele wirklich spüren zu können.

Lass nun deine Seelenenergie in deinen Körper fließen, sodass alle Zellen auf allen Ebenen von ihr gefüllt werden. Spüre die Kraft, die Liebe und die Freude in deinem Körper. Hast du das getan, visualisiere, wie du auf deinem Herzensweg gehst. Nun bitte darum, den Weg der Reinheit und der Freude vor dir erstrahlen zu lassen. Diese Wege können bereits eins mit deinem Herzensweg sein oder parallel daneben verlaufen. Sind sie neben deinem Herzensweg, erkläre die Absicht, diese Wege mit deinem Herzensweg zu vereinen und bitte Mesentia, dies für dich zu tun. Sei offen und klar.

Sieh nun, wie die verschiedenen Wege sich mit deinem Herzensweg direkt vor dir vereinen und zu einem klaren Weg der Liebe werden. Der neue Weg leuchtet in einer noch nie da gewesenen Schönheit. Er strahlt in Liebe und Kraft, Freude und Reinheit, alles, was du brauchst, um dir auf deinem Weg treu bleiben zu können. Das Vertrauen, das du für deinen weiteren Weg benötigst, entsteht aus der Einheit dieser drei Wege.

Genieße die wundervolle Energie deines neuen Wegs und gehe ihn. Sei im Jetzt und genieße ihn so lange, wie du es möchtest. Komm dann wieder in deine Gegenwart deiner jetzigen Realität auf Erden zurück und öffne die Augen.

Diese Übung kannst du immer durchführen, wenn du das Gefühl hast, deine Wege hätten sich wieder getrennt, oder wenn du deinen Weg der Einheit und Liebe stärken möchtest.

Mirinda – Sternenengel der Leichtigkeit und Schönheit

Botschaft

Liebe Seelen auf Erden,

ich freue mich von ganzem Herzen, dass nun die Erde so weit aufgestiegen ist, dass wir uns näherkommen. Wir Sternenengel sind nun ganz bei euch auf Erden, und es bedarf keine große Anstrengung mehr, zu euch zu gelangen.

Ich bin der Sternenengel Mirinda und für die Leichtigkeit und Schönheit zuständig. So schaue ich, wo Leichtigkeit stagniert und Schönheit nicht erkannt wird. Schönheit ist ein universeller Begriff, der auf alles angewandt werden kann. Jeder Gegenstand, jede Pflanze, jedes Naturelement, jeder Mensch, jedes Tier trägt göttliche Schönheit in sich.

Verbindet euch mit seiner Seele, bei Gegenständen mit ihrer Energie, und ihr werdet lernen, die wahre Schönheit zu spüren. Alles, was euch begegnet, kann schön sein, wenn ihr die Essenz erkennt.

Öffnet euch für die schönen Dinge im Leben. Lasst zu, dass ihr jeden Tag aufs Neue Schönes erleben dürft. Nicht alles ist grau und dunkel, wie es manchmal in eurem Leben erscheint. Ihr strahlt immer die Schönheit eurer Seele aus, auch wenn ihr euch in niederschwingenden Gefühlen befindet. Die Schönheit eurer Seele ist immerwährend. Verbindet euch mit ihr und lasst die Schönheit eurer Seele in euer Leben strömen. Öffnet die Tore zu eurem Leben und lasst die Schönheit eurer Seele hineinfließen.

Leichtigkeit ist eine sehr feine Energie mit einer göttlichen Power, die alles voranbewegen kann. Doch bei vielen von euch beginnt die Leichtigkeit bereits in der Früh abzunehmen. Dieser Zustand währt bis zum Abend, bis all die göttliche Leichtigkeit, die ihr in der Nacht getankt habt, vollkommen aufgebraucht ist. Die göttliche Leichtigkeit, die ich euch in der Nacht schicke, dient dazu, eurer Bestimmung zu folgen und nicht, euch von alltäglichen Dingen abzulenken oder auch von anderen Energien so beeinflussen zu lassen, dass ihr von dem Weg der Leichtigkeit abkommt. Nutzt tagsüber die freien Minuten der Pausen, um wieder in eure Mitte zu gelangen und euch an die Leichtigkeit zu erinnern, die ich euch nachts gesandt habe. Sie wird euch helfen, den Tag leichter zu gestalten und auch zu leben.

Es gibt die Leichtigkeit, den ihr den göttlichen Flow nennt, alles klappt wie am Schnürchen, alles läuft im Fluss deiner Göttlichkeit, alles gelingt dir. Das ist ein Zeichen, dass du zur richtigen Zeit und mit der richtigen Energie am richtigen Ort bist. Dann gibt es noch die Leichtigkeit des Lebens. Nimm vieles nicht mehr so ernst, sondern vertraue Gott. Erinnere dich daran, dass du immer die Wahl hast, leicht und locker voranzugehen. Du musst nicht immer auf deinem Weg stehen bleiben, um zu grübeln, wie zum Beispiel ein Problem gelöst werden kann. Geh weiter und verbinde dich mit der Schönheit des Weges, die dir begegnet. Sie hilft dir, wieder in die Leichtigkeit zu kommen.

Schönheit und Leichtigkeit hängen also zusammen. Nutzt die Natur und ihre Schönheit, um wieder die göttliche Leichtigkeit zu spüren, und sei es nur der Baum vor eurer Tür. Ich bin da, um euch dabei zu helfen, in Leichtigkeit zu leben und euch an die Schönheit eurer Seele und von Allem-was-ist zu erinnern. Denkt an meine Worte. Ruft mich, wen ihr merkt, dass eure Leichtigkeit schwindet.

Mirinda

Gebet

Liebe Mirinda,

ich bitte dich, mich wieder auf den Weg der göttlichen Leichtigkeit zu geleiten. Bitte löse alles auf, was mich daran hindert. Ich bin bereit, den Weg der Leichtigkeit zu gehen. Erinnere mich an meine und an die Schönheit der Welt, die mir jeden Tag begegnet. Verbinde mich mit der Schönheit von Allem-was-ist, dann spüre ich auch meine eigene Schönheit. Ich bin leicht. Ich bin schön. Ich bin das, was ich zu Anbeginn der Zeit war, was ich bin und immer sein werde: die Leichtigkeit und die Schönheit von Allem-was-ist. Danke. Amen.

Zuordnungen auf Erden

Element:
Luft und Glück
Kristall:
Mondstein und Rosenquarz
Farbstrahl:
Hellttürkis und Apricot mit goldenen Glitzerfunken
Geruch:
Mandarine, Grapefruit, Zimt und Kardamom
Symbol:
Liegende Acht
Kraftort:
Die Nähe von Engel- und Marienstatuen sowie Marien- und Schutzengelbilder aller Art
Krafttier:
Hase, Kolibri und Hummel

Musik:
Querflöte und Panflöte
Pflanze:
Schneerose, Seerose und Veilchen

Meditation „Leichtigkeit"

Geh in die Natur und suche dir einen Platz, an dem du still sein kannst. Atme bewusst in dein Herzchakra ein und aus. Tue das mehrmals, bis du eine innere Ruhe in dir verspürst. Nimm die Stille wahr.

Rufe nun den Sternenengel Mirinda. Nimm ihre Anwesenheit wahr und fühle die hohe und feine Energie ihres Seins. Bitte nun, mit dem Bewusstsein eines Baums, einer Pflanze oder eines Naturelements, zum Beispiel eines Sees oder Flusses, verbunden zu werden. Spüre die Energie des Bewusstseins, die die Schönheit Gottes ausstrahlt. Nimm sie wahr und gehe in Resonanz mit ihr.

Fühle nun, wie dein Bewusstsein deine Seele zum Leuchten bringt und sich eine neue Leichtigkeit in dir einstellt. Nimm wahr, wie alles, was dich niedergedrückt und die Leichtigkeit in ihrem Fließen gestoppt hat, aufgelöst wird. Richte dich innerlich auf und genieße die Ruhe.

Verweile in dieser Energie, so lange du möchtest. Bedanke dich dann bei der Natur und bei dem Sternenengel Miranda für diese wundervolle Erfahrung. Mit neuer Kraft und Leichtigkeit kannst du nun deinen Weg weitergehen.

Selma – Sternenengel des Humors und der Freude

Botschaft

Liebe Menschen auf Erden,
ich freue mich, euch eine Botschaft zu übermitteln. Meine Strahlen, die aus mir leuchten, sind voller bunter Farben. Sie sind ähnlich der Farben eures bekannten und wundervollen Regenbogens, doch tragen sie noch viele neue Farben in sich, die euch noch nicht geläufig sind. Meine Energien sind leicht, aufheiternd, frech, frisch und liebevoll. Ich stehe für das Lachen, den Humor und die Freude. Wie ihr wisst, ist Lachen die beste Medizin für euer Wohlergehen auf Erden, und zwar auf körperlicher, energetischer und seelischer Ebene.

Viele Menschen auf Erden fangen erst dann an über ihr Leben und ihre Lebensweise nachzudenken, wenn sie durch ein Geschehnis aufgerüttelt werden. Das können in euren Augen schlimme Ereignisse sein, aber auch schöne Erlebnisse öffnen euch den Kanal zu eurer Seele. Das Lachen und vor allem der Lachanfall aktiviert alle göttliche Energien, die in euren Körperzellen existieren. Je mehr ihr euch mit göttlicher Liebe und Licht füllt, desto stärker wirken das Lachen und die Lachanfälle auf euer Sein. Lachen energetisiert die göttliche Essenz in jeder Zelle und lässt sie so in neuem Licht erstrahlen. Öffnet euch für die göttliche Freude in euch. Es ist die Freude, die aus dem gegenwärtigen Sein im Jetzt entsteht. Öffnet euch für den Humor, er hilft euch, leicht und beschwingt durchs Leben zu gehen. Öffnet euch für die Kraft, die euch das Lachen bringt.

Lachanfälle bergen eine hohe Qualität in sich, feststeckende Blockaden, egal, welcher Art, zu lösen. Oft müssen Menschen in schlimmen oder traurigen Situationen lachen. Lachen ist eine Kompensation des Schocks, den der- oder diejenige gerade erlebt. In jeder Sekunde eures Lebens könnt ihr euch zwischen Lachen oder Weinen, Freude oder Zorn, Gelassenheit oder nervlicher Anspannung entscheiden. Wichtig ist, dass ihr erkennt: Ihr habt immer die Wahl, euch neu zu entscheiden.

Die neutrale göttliche Freude ist etwas Besonderes, denn sie entsteht aus dem scheinbaren Nichts. Es ist die Freude, die der Kraft der Gegenwart entspringt. Die Kraft der Stille eurer Gedanken ist der Ursprung der göttlichen Freude. Übt ihr jeden Tag so lange wie möglich im Jetzt zu leben und nicht euren Gedanken die Macht über euch zu überlassen, dann werdet ihr als Belohnung die göttliche Freude in euch empfinden.

Für den Humor braucht es oft ein Gegenüber, sei es in wahrhaftiger Form oder über die Medien. Viele Menschen haben die Fähigkeit, Menschen zum Lachen zu bringen. Sie wissen um die Worte, die es braucht, damit das Herz der Menschen lacht. Die Schadenfreude gehört nicht dazu, auch nicht das hämische Lachen, das uns Sternenengeln absolut fremd ist. Viele Menschen haben eine sehr starke Verbindung zum göttlichen Humor und zu den lichtvollen Wesen, den Kobolden. Viele lustige Menschen werden in ihrem Leben von Kobolden begleitet. Kobolde, die bei den Menschen leben, sind meistens von göttlicher Freude. Sie helfen euch, das ernste Leben mit freudigen Momenten aufzulockern, damit es wieder Luft bekommt. Der starre Alltagstrott wird dadurch unterbrochen, und neue Energie kann zu euch fließen.

Dann gibt es Situationen, in denen zwei Menschen sich auf derselben Ebene treffen und einfach über dasselbe lachen müssen. Ist das so, schwingt eine Komponente der Anziehung beider Seelen eine Rolle. Diese Augenblicke sind besonders und erheitern euer Leben.

Ruft mich, wenn ihr euer Leben als zu ernst empfindet. Ruft mich, wenn ihr euch in einer schwierigen oder schweren Situation befindet. Ruft mich, wenn ihr einfach mal wieder lachen wollt.

Übt, so oft ihr könnt, in die Stille zu gehen. Übt, eure Gedanken freizulassen. Übt, selbst die Macht über eure Gedanken zu erlangen. Übt, übt, übt – es lohnt sich. Das reine Lachen, das aus dem Herzen strömt, sorgt dafür, dass sich die Schwingung der Erde erhöht. Das reine Lachen, das ihr oft von Kindern hört, energetisiert die Körperzellen, stärkt die Liebe in euch und hält die Verbindung zu eurer Seele aufrecht oder stellt sie wieder her. Konzentriert euch auf die Freude, auf das Lachen und den Humor in eurem Leben. Diese drei Energien gestalten eure Welt und euer Leben. Ich helfe euch dabei, wenn ihr das möchtet.

Sternenengel Selma

Gebet

Liebe Selma, bitte lass mich wieder lachen. Ich möchte Freude in mir spüren. Bitte erleichtere meine Situation/mein Problem mit Hilfe der Freude und des Lachens. Danke. Amen.

Zuordnungen auf Erden

Element:
Luft
Kristall:
Citrin und Bergkristall
Farbstrahl:
Farben des Regenbogens in Pastell
Geruch:
Bonbon, Zuckerwatte und Weihrauch

Symbol:
Blume des Lebens
Kraftort:
Die Plätze von kleinen Singvögeln
Krafttier:
Kohlmeise, Rotkehlchen und Amsel
Musik:
Vogelgezwitscher und Gesang von Kindern
Pflanze:
Tulpe

Tisia – Sternenengel der Güte

Botschaft

Liebe Seelen auf Erden,
ich bin Tisia, Sternenengel der Güte. Güte ist auf Erden ein Fremdwort geworden, weil es einfach nicht mehr gebräuchlich ist in eurem Wortschatz. Zu anderen Zeiten hieß es: „Du bist so gütig", „Der Herzog war so gütig zu seinen Untertanen" oder „Maria hat ein gütiges Herz." Die Güte ist außer Mode geraten. Ich möchte euch die Güte wieder näherbringen, denn sie ist eine wichtige Voraussetzung dafür, dass sich Frieden auf Erden einstellen kann.

Güte bedeutet Nachsehen, Barmherzigkeit (noch so ein altes Wort), Wohlwollen und Freundlichkeit. Alle diese Tugenden sind die Basis jeden Friedens. In der heutigen Zeit füge ich noch folgende Eigenschaften hinzu: Leben und leben lassen, nicht urteilen, sich nicht mit anderen vergleichen, nicht bewerten, seinem Herzen folgen und die Liebe fließen lassen. Ihr seht, Güte ist nicht nur eine Energie, sondern setzt sich aus allen Energien, die ich oben genannt habe, zusammen. Eine große Aufgabe.

Ich bitte euch deswegen, regelmäßig zu üben, in der Güte zu sein. Wie das funktioniert, fragt ihr euch? Geht in die Liebe und lasst euer Herz sprechen. Das ist das Geheimnis von Güte. Wer in der Liebe ist, muss sich nicht mit seinen Mitmenschen vergleichen, denn er ist erfüllt von Liebe. Wer Liebe ist, braucht nicht über andere zu urteilen oder sie zu bewerten, denn Liebe urteilt und bewertet nicht. Wer in der Liebe ist, ist nicht neidisch, denn wie könntet ihr auf jemanden neidisch sein, der nicht vollkommen in der Liebe ist? Auf sein neues Auto? Das glaube ich nicht.

Also, Liebe ist das Schlüsselwort für die Güte in euch, wie für alles andere. Güte ist ebenfalls eine Energie, die mit einer besonderen göttlichen Wärme gefüllt ist. Es ist die Wärme des Mitgefühls und des Verständnisses seinen Mitmenschen gegenüber. Achtet das Schicksal, das hinter jedem Menschen steht. Jeder hat auf seine individuelle Weise im Leben das erfahren, was für ihn das Beste war oder was er nicht noch einmal erleben möchte. Vielleicht hat er sich für etwas entschieden, um unbeschadet durch eine Situation oder einen Zustand in seinem Leben zu gelangen. Respektiert seine Entscheidungen, auch wenn es vielleicht Illusionen sind und ihr sie als solche erkennt. Es ist ebenfalls eine Art von Güte, jemanden in seiner Illusion zu lassen und ihm mit Liebe, Mitgefühl und Verständnis zu begegnen. Nur wenn eure Mitmenschen darum bitten, diese sichtbar werden zu lassen, dürft ihr ihnen dabei helfen.

In liebender Güte, Sternenengel Tisia

Gebet

Liebe Tisia, bitte stärke mich in meiner Güte zu meinem Mitmenschen und zu mir selbst. Danke. Amen.

Zuordnungen auf Erden

Element:
Wasser, Luft und die göttliche Liebe
Kristall:
Grüner Turmalin
Farbstrahl:
Rosé, Grün, Gold und Türkis
Geruch:
Zitronenduft, Vanille und Rose

Symbol:
Ikosaeder
Kraftort:
Mariengrotte von Lourdes
Krafttier:
Hund
Musik:
Flötenmusik
Pflanze:
Rose, Zypresse, Holunderstrauch und Margerite

Meditation der Güte

Geh in die Stille und atme bewusst ein und aus, sodass du zur Ruhe kommst. Bitte nun darum, die Güte in dir zu spüren. Öffne dich für den Strahl der Güte und empfange ihn. Fülle dich mit der Güte Gottes. Nimmst du Wärme wahr, lass sie größer in dir werden. Nimmst du keine Wärme wahr, stell dir die Güte in dir vor, wie sie an Wärme gewinnt. Dann lass die Güte aus dir herausstrahlen. Lass sie in dein Leben fließen. Alles, was vorher neblig oder dunkel war, wird nun mit Güte erfüllt. Alles wandelt sich und erstrahlt in neuem Glanz.

Achte dein Schicksal und was du bis jetzt alles erreicht hast. Lobe dich selbst und gib dir die Anerkennung für dein Sein auf Erden. Dann lass die Güte zu deinen Mitmenschen fließen, zu denen, die du kennst und liebst, und auch zu denen, die du vielleicht nicht so gerne magst oder nicht kennst. Lass die Güte zu allen Menschen fließen und spüre, wie Frieden in dir einkehrt.

Verbleibe noch in dieser wundervollen Energie und komm dann wieder in deine Gegenwart zurück.

Türkisia – Sternenengel der Kinder und des Selbstwerts

Botschaft

Meine Lieben,
ich bin Türkisia und trage den türkisfarbenen Strahl. Meine Aufgabe ist es, Eltern an ihre Verantwortung zu erinnern, die sie gegenüber ihren Kindern haben. Meine Aufgabe ist es, die Kinder vor Energien zu schützen, die ihnen nicht guttun. Der türkisfarbene Strahl steht für den Selbstwert, den es bei allen Kindern und auch bei Erwachsenen zu stärken gilt. Er hilft euch, euch wertvoll zu fühlen, damit ihr nicht mehr aus Unzufriedenheit heraus agiert, die aus einem Mangel an Selbstwert rührt.

Es gibt so viele verschiedene Erziehungsstile, wie es Mütter und Väter auf Erden gibt. Bereits Eltern untereinander sind sich oft nicht einig, wie sie ihre Kinder erziehen wollen. Oft findet ein Kompromiss beider Ansichten statt, der aber den Kindern nicht besonders zuträglich ist. Kinder wollen Wahrhaftigkeit, dass ihre Eltern authentisch sind und aus ihrem Herzen heraus leben und handeln. Das zu erreichen ist ein längeres Projekt und bedarf eines tiefgehenden Wandels bei allen. Daher bitte ich euch, mir zu helfen, diese Veränderung in Familien, Schulen und der Gesellschaft geschehen zu lassen. Wir brauchen eure Hilfe.

Wir, die Sternenengel, bitten euch, euch auf die Ebene der Kinder zu stellen, damit ihr sie besser verstehen könnt. Viele denken nun: Warum soll ich mich zu der Ebene der Kinder hinunterbegeben? Doch seid euch gewiss, dass ihr es seid, die sich auf die Ebene der Kinder herablassen müssen, um sie zu erreichen. Kinder strahlen von Geburt an im göttlichen Glanz, nicht ihr. Ihr seid es, die sich den Kindern in ihrem Sein anpassen müssen. Sie tragen die göttliche Liebe und die Weisheit offen in sich, und zwar so lange, wie sie es von euch aus dürfen. Nehmt eure

Kinder ernst, sie wissen mehr als ihr. Hört euren Kindern zu und seht sie als gleichwertige Menschen an. Lasst sie entscheiden, was sie in ihrer Freizeit und anderen Situationen tun möchten, wenn sie sich dabei nicht in Gefahr begeben. Viele Kinder werden von ihren Eltern von Geburt an in bestimmte Strukturen gepresst, die diese für richtig halten. Aber wenn die Eltern noch in der alten Struktur leben und es bis zur Geburt ihres Kindes nicht geschafft haben, nach ihrem Herzen zu leben, werden sie dieses auch nicht an ihre Kinder weitergeben können. So werden die Kinder in alte Verhaltensregeln und Muster vom letzten Jahrhundert hineingepresst.

Seht doch ihr wundervolles, wahrhaftiges Sein, das die Kinder jeden Tag aufs Neue aus ihrem Herzen, aus ihrer Seele in euer Leben fließen lassen. Schaut in ihre Augen und erkennt, wer sie wirklich sind. Begebt euch auf ihre Ebene, indem ihr euch auf ihre Energie, ihre Schwingung und ihr Bewusstsein erhebt. Ihr seid es, die sich der höheren Ebene der Kinder anpassen müssen, nicht die Kinder.

Gebt euren Kindern einen Rahmen der Geborgenheit und Liebe, in dem sie sich frei entfalten können. Regeln, die sie verstehen und an die sie sich mit Leichtigkeit halten können. Traut euren Kindern zu, selbst zu entscheiden, damit stärkt ihr sie in ihrem Selbstwert. Eure Kinder wissen genau, was sie wollen. Wollen sie Ballett oder Fußball in ihrer Freizeit spielen? Tennis oder Klavier? Projiziert nicht eure eigenen Wünsche und Vorstellungen vom Leben auf eure Kinder, sondern begleitet sie auf ihrem Weg, wie auch immer dieser aussehen mag. Jedes Kind weiß, was es will, außer, es wurde ihm von klein auf aberzogen.

Begleitet sie bei ihren Entscheidungen. In den Phasen der Abwägung fühlen sie keinen klaren Impuls in ihrem Herzen. Gerade Jugendliche brauchen sensitive Unterstützung. Eure Antennen der Wahrnehmung sollten soweit geschult sein, dass ihr genau wisst, wie ihr sie mit Worten und auch Diskussionen auf ihrem Weg des Herzens begleiten und stärken könnt. Manchmal ist es auch wichtig, nichts zu sagen, auch wenn ihr genau seht, welche Konsequenzen die Entscheidung eurer heranwachsenden Kinder haben könnten. Habt Mut, sie freizulassen, wie auch ihr euch dabei freilasst.

**Kinder sollten sich selbst gefallen
und nicht euch gefallen wollen.**

Wenn ihr eure Kinder lehrt, zu fühlen, was sie wollen, werden sie später in ihrem Leben keine Schwierigkeiten bei Entscheidungen haben. Und wie ihr wisst, gibt es jeden Tag aufs Neue eine Vielzahl von Entscheidungen. Ich bin da, um Kinder vor den alten Erziehungsstilen und Sichtweisen zu schützen. Ich bin da, um euch zu helfen, eure Kinder wahrhaftig und aus eurem Herzen heraus zu erziehen. Ich helfe euch, wenn ihr mal nicht weiterwisst oder in Wut und Zorn verfallen seid, weil euch die Kinder an den Rand des Nervenzusammenbruchs gebracht haben. Kinder sind euer Spiegel, sie helfen euch, in die Tiefe eurer Seele hinabzusteigen, um zu erkennen, wer ihr wirklich seid. Nutzt diese einzigartige Möglichkeit, nicht alle Menschen haben das Glück, Kinder zu haben.

Lehrt sie, Grenzen zu ziehen. Lehrt sie eine gesunde Beziehung zum Essen. Lehrt sie Mitgefühl und Gemeinschaft. Lehrt sie, die Liebe frei fließen zu lassen, und lehrt sie auch, sich zu wehren, wenn etwas gegen ihr Sein ist. Lehrt sie, die Wahrheit neutral auszusprechen. Lehrt sie, Gefühle frei fließen zu lassen, egal, wie diese aussehen. Lehrt sie, wahrhaftig zu sein.

Menschen ohne eigene Kinder sind oft wichtige Wegbegleiter von Kindern und Jugendlichen. Sie helfen und stärken sie in ihrem Sein und ihrer Freiheit, denn sie haben einen gewissen Abstand zu ihnen. Es ist eine Begleitung eines Freundes, eines Meisters.

Habt den Mut, eure Kinder frei sein zu lassen, und auch wenn sie alles in eurem Leben durcheinanderbringen, es wird schon seinen Grund haben, warum sie das tun, denn auch sie haben eine Aufgabe, für die sie auf Erden gekommen sind. Wenn Kinder auf die Welt kommen, sind sie das reinste Wesen auf Erden, gefüllt mit unendlicher göttlicher Liebe. Es liegt in eurer Verantwortung, diese zu wahren und zu stärken. Die Kinder sind das Fundament für eure Welt in Frieden.

Hört auf euer Gefühl. Mütter tragen in der Regel das Ur-Gefühl für ihre Kinder in sich, sie entscheiden immer richtig im Moment. Das funktioniert aber nur, wenn die Mutter mit ihrem Ur-Gefühl verbunden ist. Ist sie frei und offen, aus ihrem Ur-Gefühl zu agieren, oder liegen andere Denkweisen und Muster darüber, sodass sie nicht danach entscheiden kann? Wer beeinflusst die Mütter, dass sie ihr Ur-Gefühl nicht mehr spüren können? Die Gesellschaft, Ärzte, Erzieher, Eltern, Verwandte, Freunde und Bekannte? Hört genau hin, sind es wirkliche Ratschläge, die euch helfen, oder sind es nur „gut gemeinte" Ratschläge, die von alten Denkweisen und Strukturen beeinflusst sind. Wenn es um Kinder geht, wird von fremden Menschen, Freunden oder Verwandten oft die eigene Meinung kundgetan, egal, ob die Eltern darum gebeten haben oder nicht. Zieht in solchen Situationen klare Grenzen, denn sie werden mit den gut gemeinten Ratschlägen oft übertreten. Lernt, auf euer Herz zu hören, und handelt danach. Das stärkt auch euren Selbstwert.

Erhebt euch und steht zu eurem Sein! Habt den Mut, es zu tun, denn es ist die Zeit, diesen Weg nun endlich zu gehen. Geht mit der Zeit! Ich helfe euch, wieder aus eurem Herzen handeln und zum Wohl eures Kindes und auch zu eurem eigenen Wohl entscheiden zu können. Ich bin da.

Türkisia

Gebet

Liebe Türkisia,

bitte stärke mich in meiner Liebe zu mir. Begleite mich auf dem Weg zu meiner Wahrhaftigkeit und hilf mir, meinen Selbstwert zu stärken. Ich bin die Liebe Gottes. Ich bin das Licht Gottes, jetzt und für immer. Amen.

Zuordnungen auf Erden

Element:
Luft und Wasser
Kristall:
Türkis, Dioptas und Chrysopras
Farbstrahl:
Türkis mit goldenen Glitzerfunken
Geruch:
Zitrone und Vanille
Symbol:
Rose als Symbolform

Kraftort:
Kindergärten und Wasserfälle, die Tropo- und Stratosphäre
Krafttier:
Kaninchen, Hummel, Löwe und Bär
Musik:
Hackbrett und Zither
Pflanze:
Gänseblümchen, Margerite und Lilie

Meditation „Selbstwert stärken"

Geh in die Stille und atme bewusst in dein Herzchakra ein und aus. Tue das mehrmals, bis du eine innere Ruhe in dir verspürst. Stell dir dann vor, wie du das göttliche Licht über dein Kronenchakra einatmest und dein Herzchakra beim Ausatmen damit füllst.

Rufe nun den Sternenengel Türkisia. Nimm ihre Anwesenheit wahr und fühle die hohe und feine Energie ihres Seins. Bitte sie nun, in ihrem türkisfarbenen Strahl sein zu dürfen. Spüre, wie die türkisfarbene Energie des Selbstwerts dich füllt. Nimm wahr, wie alle Zellen deines Körpers mit dieser wundervollen Energie gefüllt werden. Sie werden energetisiert. Alle dunklen Stellen und Blockaden werden nun aufgelöst in türkisfarbenes Licht.

Nun stell dir vor, wie dein Anteil „Selbstwert" in dir mit türkisfarbenem Licht gefüllt wird. Du musst dir dabei nicht genau vorstellen können, wie er aussieht. Stell dir einen Bereich in dir vor, der für deinen Selbstwert steht und nun mit türkisfarbenem Licht gefüllt wird. Alles, was noch im Dunkeln liegt, wandelt sich in diese wunderbare Energie. Spüre, wie sich alles auflöst, was deinen Selbstwert geschwächt hat. Angst, Zweifel, Druck, Peinlichkeit, Schamgefühl, unerfüllte Liebe, Verlassen-Sein, keinen Erfolg haben, sich nicht wert fühlen und alles, was du in dem Moment wahrnehmen kannst, wird umgewandelt in göttliches Licht. Die türkisfarbene Energie wandelt nach und nach alles in ein tiefes, goldenes, göttliches Licht. Bleibt die Energie türkisfarben oder nimmt sie eine andere leuchtende Farbe an? Beides ist gut so.

Spüre, wie du immer stärker in dir wirst und dich aufrichtest. Steh auf und spüre, wie du groß und kraftvoll wirst. Atme bewusst in deinen Selbstwert noch einige Male ein und aus und stärke ihn so in seiner Präsenz. Komm nun langsam wieder in deine Gegenwart zurück, öffne deine Augen und gehe gestärkt in deinen Tag oder Abend.

Schnelle Übung für zwischendurch zur Stärkung des Selbstwerts

Liebe Seelen auf Erden,

ich, Türkisia, möchte euch gerne mitteilen, wie ihr euren Selbstwert stärken könnt. Stellt euch vor einen Spiegel und sagt zu eurem Spiegelbild: „Ich liebe mich. Ich stehe hinter mir. Ich lebe wahrhaftig und gehe meinen Herzensweg." Tut das jeden Tag, es bewirkt vieles in euch. Das können bereits Kinder und Jugendliche machen.

In Liebe und Freundschaft,
Türkisia

Weitere Sternenengel

Alizia – Sternenengel der Kraft

Botschaft

Seid umarmt, ihr lieben Seelen auf Erden.

Ich bin Alizia, der Sternenengel der Kraft. Ich sehe euch in eurem göttlichen Antlitz, das so wundervoll auf Erden strahlt. Es ist die Kraft eurer Seele, die in euch leuchtet. Nutzt sie, um euch selbst auf eurem Weg zu stärken. Erkennt die einzigartige Kraft eurer Seele, die in allen göttlichen Farben strahlt, die die euren sind. Jeder von euch hat bestimmte Farben in seiner Seele, die in euren Seelenstrahlen zu erkennen sind. Jede Farbe steht für eine Fähigkeit, die ihr seit Anbeginn der Zeit in euch tragt. Jeder Seelenstrahl stärkt euch. Lasst zu, dass eure Seele in allen Farben scheint. Haltet ihre Kraft nicht zurück, denn es wäre traurig, das zu tun. Jeder Mensch kann seine Seele leuchten lassen, sodass die Welt in Helligkeit verwandelt wird. In vielen Bereichen der Erde herrscht noch Dunkelheit, doch mit der Kraft eurer Seele könnt ihr die Welt in Licht transformieren, indem ihr in euch euer Licht nach außen sichtbar werden lasst. Die Definition von Kraft ist auf Erden oft unterschiedlich. Was bedeutet Kraft für euch? Ist es die physische Kraft? Die finanzielle Kraft? Die Kraft eurer Gedanken? Die Kraft der Liebe? Was fühlt ihr, wenn ihr das Wort Kraft hört?

Die immerwährende Kraft, die nie zu Ende geht, ist eure Seele. Sie ist unendlich, ewig, grenzenlos und immer präsent. Voraussetzung dafür ist, dass ihr diese wundervolle Kraft auch zulasst. Nicht jeder von euch weiß um die Kraft seiner Seele. Nicht jedem von euch ist bewusst, dass ihr euch jeden Tag und zu jeder Zeit mit eurer Seele verbinden könnt. Sie ist die göttliche Kraft, die euch durch euer Leben trägt. Sie umhüllt euch mit Liebe. Habt den Mut, eins mit eurer Seele zu werden. Verbindet euch jeden Tag aufs Neue mit ihr. Oft vergesst ihr ihre Existenz, weil der Tag so voll mit Erfahrungen, alltäglichen Erledigungen oder Terminen ist.

Um die Kraft eurer Seele zu spüren, ist es wichtig, dass ihr euch eine Auszeit vom Alltag gönnt. Eine Pause von dem Alltäglichen, um eure Seele wieder spüren zu können. Eure Seele befindet sich immer in Freiheit, fühlt diese Energie, die euch aus dem Wirrwarr der Gedanken und täglichen Erledigungen heraushilft. Eure Seele braucht eine bewusste stille Einkehr von euch. Einen kleinen Zeitraum, in dem nichts von außen auf sie einprasseln kann. Geschieht das nicht, holt sich eure Seele das zurück, was sie braucht: eine Auszeit.

Ihr kennt das bestimmt: Wird alles zu viel, macht euer Körper schlapp und gönnt sich die Zeit, die er braucht, um wieder zu Kräften zu kommen. Tut ihr das nicht, erinnert euch euer Körper etwas eindringlicher daran, und die nachfolgende Heilung dauert umso länger. Ich weiß, dass ihr euch in einer schnelllebigen Zeit befindet, in der neue Strukturen geschaffen werden, doch ist es wichtig für eure Gesundheit, Pausen einzulegen, und das nicht zu knapp. Ein Acht-Stunden-Tag entspricht nicht mehr der Neuen Zeit. Übergeht ihr trotzdem die Warnungen eures Körpers, die die Warnungen eurer Seele sind, wird sich die Seele von eurem Körper lösen, bevor sie zu viel Schaden nimmt. Die Seele sehnt sich nach ihrer Freiheit und der Liebe Gottes. Kümmert euch um eure Seele, sie ist das Einzige, was bleibt, wenn ihr die Erde verlasst. Sie ist das einzige Kraftzentrum, das mit Liebe gefüllt ist, das ihr in euch tragt und das euch jederzeit zugänglich ist.

Einige Seelen von euch weisen Verletzungen auf, die sie in diesem oder früheren Leben davongetragen haben. Bitte habt den Mut, hinzuschauen, was euch so wehgetan hat, und geht in die Heilung. Lasst die Liebe eurer Seele in die Verletzung fließen und öffnet euch für die Wandlung. Seelenverletzungen verursachen schwerste Wunden in euch. Traut euch, den Weg zu eurer Seele zu gehen, erkennt eure Verletzungen und wandelt sie, damit ihr frei seid, eurer Glück auf Erden leben zu können, denn dafür seid ihr gekommen. Heilt eure Wunden, damit ihr Liebe und Freude und nicht Leid und Kummer in euch weitertragt. Holt euch Hilfe, wenn die Wunden zu tief sind. Die Seele ist die größte Liebe, die ihr fühlen könnt. Ihre Liebe ist unermesslich, ewig und unendlich, sie ist die Liebe in euch. Öffnet euch für sie, denn sie gibt euch die Kraft, die ihr braucht, um euren Weg auf Erden so zu gehen, wie es vor eurer Inkarnation bestimmt war. Ruft mich, wenn ihr Hilfe braucht, um die Kraft eurer Seele wieder spüren zu können.

Sternenengel Alizia

Gebet

Liebe Alizia,

bitte stärke mich im Glauben an meine Seele. Bitte sende mir die Kraft und den Mut, die ich brauche, um eins zu werden mit der Kraft meiner Seele. Ich bin die Kraft meiner Seele. Ich bin eins mit meiner Seele. Ich empfange die Liebe meiner Seele. Danke. Amen.

Zuordnungen auf Erden

Element:
Holz, Erde, Feuer, Wasser und Metall
Kristall:
Orangencalcit und Opal
Farbstrahl:
Orange, Gold, Gelb und Rot
Geruch:
Feuer und Sonnenstrahlen auf der Erde und auf der Haut
Symbol:
Sonne
Kraftort:
Vulkane, Kaminfeuer, Osterfeuer, Quellen und Thermalquellen
Krafttier:
Löwe, Feuersalamander, Kaninchen, Schneeleopard, Biene und Taube. Alle Tiere sind ihr zugetan, denn Tiere geben den Menschen viel Kraft.
Musik:
„Halleluja" von Leonhard Cohen und Gospelmusik
Pflanze:
Glockenblume, Eiche und Buche

Meditation „Kraft schöpfen aus meiner Seele"

Geh in die Stille und atme bewusst in dein Herzchakra ein und aus. Tue das mehrmals, bis du eine innere Ruhe in dir verspürst. Stell dir dann vor, wie du das göttliche Licht über dein Kronenchakra einatmest und dein Herzchakra beim Ausatmen damit füllst. Tue das mindestens dreimal, bis du Ruhe in dir verspürst. Dann verbinde dich mit deiner Seele. Stell dir vor, wie du in deinem Körper in deine Seele einatmest und so die Verbindung zu ihr herstellst. Beim Ausatmen stärkst du die Verbindung mit deiner Seele. Atme in deine Seele ein und wieder aus. Dabei ist es am Anfang nicht so wichtig, ob du die Verbindung zu deiner Seele spürst oder die Seele selbst. Stell es dir einfach vor, und mit der Zeit wirst du anfangen, deine Seele zu spüren.

Lass bei deinen Atemzügen deine Seele in dir erstrahlen. Öffne dich für deine Seele. Öffne dich für ihre Liebe und ihre Kraft und bitte sie, diese spüren zu dürfen. Atme immer weiter in deine Seele ein und aus und lass ihre Energie in alle Zellen deines Körpers fließen. Fühle eine neue Kraft in dir, die Kraft deiner Seele. Fühle die Liebe in deinem Körper, die Liebe deiner Seele zu dir.

Verweile in diesem Zustand der Glückseligkeit und der seelischen Kraft so lange, wie du möchtest. Komm wieder in deinen Raum zurück und öffne deine Augen. Nun gehst du mit neuer Kraft und gefüllt mit Liebe weiter.

Elga – Sternenengel der Integration

Botschaft

Seid gegrüßt, ich bin Elga, der Sternenengel der Integration. Ich helfe euch, Integration zu leben, sei es mit anderen Menschen oder mit euch selbst.

Die Zeiten auf Erden sind verändernd, und viele fühlen sich verwirrt durch immer neue Situationen, die für euch nicht vorhersehbar waren. Doch alles ist so, wie es sein soll. Es geht hier um die Menschen, um ihre Seelen, die oft um Hilfe bitten, wenn sie aus einem anderen Land zu euch kommen. Es geht darum, Mitgefühl und Verständnis von euch zu erfahren, von Mensch zu Mensch, aber noch mehr von Seele zu Seele. Es wird ein langer Weg, eine neue Gemeinschaft aufzubauen, aber es lohnt sich. Schaut den Menschen in die Augen und verbindet euch mit ihrer Seele. Die Augen sind die Tore zu ihrer Seele, durch sie könnt ihr auf eine Weise kommunizieren, die nicht immer der Worte bedarf.

Integration findet aber auch in euch selbst statt. Es ist die Integration von Seelenanteilen und Energien, die ihr einst abgespalten habt. Es sind Energien, die ihr freiwillig oder aus Zwang abgegeben habt. Es sind Fähigkeiten, die ihr in euch verbergt oder nicht zulasst. Mit der Integration all dieser Energien könnt ihr selbst wieder zu einer Einheit werden.

Oft werdet ihr durch Probleme im Alltag darauf aufmerksam gemacht, was in euch noch angenommen werden sollte. Die Resonanz im Außen ist der Spiegel eurer inneren Welt. Eure Umwelt reagiert darauf, also seid ihr selbst der Ursprung von allem in eurem Leben. Schaut genauer hin und findet die Verhaltensweisen oder Muster, die ihr aussendet und von eurem Umfeld als Antwort darauf erfahrt. Das können alle möglichen

Energien und Gefühle sein, von Angst über Wut oder das Leben einer Opferrolle. Dieser Bereich ist ohne Grenzen, was die Themen angeht. Verlorengeglaubte Seelenanteile können sich auch an Orten aus vergangenen Zeiten befinden. Spürt ihr an einem Ort, zum Beispiel im Urlaub, dass eine Integration ansteht, dann geht an diesen Ort und nehmt eure Seelenanteile und Energien, die ihr damals dort zurückgelassen habt, wieder an.

Ich helfe euch, wieder eins zu werden. Ich helfe euch, eure Energien und Seelenanteile, die ihr einst abgegeben habt oder die anderweitig von euch gegangen sind, wieder zurückzuholen und in euch zu integrieren. Integriert ihr eure verlorenen Energien, geschieht die Integration der Menschen, die bei euch um Hilfe und Asyl bitten, leichter. Integration findet in euch selbst statt, so kann sie auch im Außen geschehen. Ich bin für euch da.

Sternenengel Elga

Gebet

Liebe Elga,
bitte sende mir Impulse, damit ich sehe, welche Seelenanteile ich noch abgespalten habe. Bitte schicke mir Zeichen, damit ich erkenne und verstehe. Danke. Amen.

Zuordnungen auf Erden

Element:
Erde und Luft
Kristall:
Amethyst und Achat in allen Farben

Farbstrahl:
Lila, Goldgelb und Bronze
Geruch:
Thymian, Rosmarin und Weihrauch
Symbol:
Achteck auf einem Kreis
Kraftort:
Alte Kirchen, Kapellen und alte Kraftorte der Kelten in Europa
Krafttier:
Luchs, Gepard, Schmetterling und Krokodil
Musik:
Harfe und Cello
Pflanze:
Orchidee, Kiefer und Sanddornsträucher

Anmerkung der Autorin:

Für die Integration von Energien und Seelenanteilen schlage ich professionelle Hilfe vor, da es einer bestimmten Wahrnehmung bedarf, euch optimal auf diesem Weg der Heilung zu begleiten. Sucht euch einen Therapeuten/eine Therapeutin, dem/der ihr vertraut. Ihr könnt euch auch gerne an mich wenden. In meiner Praxis biete ich meditative Rückführungen an (auch per Ferne), mit der wir abgespaltene Seelenanteile wieder zurückholen und integrieren können. Meldet euch einfach bei mir.

Crasanaa – Sternenengel der Gerechtigkeit

Botschaft

Liebe Menschen,

ich bin der Sternenengel Crasanaa und für die Gerechtigkeit auf Erden und in eurem Leben zuständig. Fühlt ihr euch ungerecht behandelt, dann ruft mich. Ich arbeite eng mit der Göttin Justizia zusammen. Vieles, was auf Erden geschieht, ist nicht im Sinne der Gerechtigkeit Gottes. Auch wenn Gott allen den freien Willen gegeben hat, heißt das noch lange nicht, dass auch alle im Sinne der göttlichen Ordnung und zum Wohl aller handeln und leben. Ich bitte euch, euch auf euch selbst zu konzentrieren und in euch zu schauen, wo ihr euch ungerecht behandelt fühlt. Was grämt euch, was passt euch nicht, wo empfindet ihr den Ausgleich zwischen Geben und Nehmen nicht gerechtfertigt, was macht euch unzufrieden? Unzufriedenheit hat immer etwas mit der eigenen gefühlten Gerechtigkeit und dem Neid auf andere zu tun.

Vergleicht ihr euch oder urteilt über andere, geht ihr in die Energie der unerlaubten Befugnis, die nur Justizia auf Erden innehat. Ihr habt von Gott nicht die Erlaubnis erhalten, über andere zu richten, auch wenn es nur dahingesagte Worte sind. Dieses Amt bekleidet ihr nicht, außer, ihr seid dafür auserwählt worden. Sogar Richter, die von eurem Staat bestellt werden, sind in Gottes Augen nicht befugt, das zu tun.

Es gibt einige Ausnahmen, bei denen die Seelen zu diesem Amt auf Erden berufen wurden, weil es ihre Bestimmung ist und sie wahrlich gerecht sind. Doch machen es ihnen die vorgesetzten Strukturen, Regeln und Rechte schwer, wirklich aus reinem Herzen zu urteilen. Wir bitten euch: Gewöhnt euch ab, über andere zu urteilen, es tut euch nicht gut. Wie ihr wisst, kommt alles zu euch zurück. Wollt ihr das? Um es nicht so weit kommen zu lassen, findet den Grund für eure Unzufriedenheit. Die Ursachen dafür können Erfahrungen sein, die in der Vergangenheit liegen, Stationen aus der Kindheit, aber auch Geschehnisse aus früheren Leben. Geht dem auf den Grund, damit ihr in die Zufriedenheit kommt und euch nicht ungerecht behandelt fühlt.

Ungerechtigkeiten, die aus Situationen entstanden sind, in denen andere Menschen mit beteiligt waren, können ebenfalls geklärt werden. Oft verbirgt sich dahinter eine Altlast aus früheren Leben, sei es die Beziehung zu dem Richter, dem Angeklagten oder dem Klagenden. Holt euch Hilfe, die feststellen kann, wo die Ursache für diese ungerechte Situation liegt. Es können alte Verhaltensmuster, Wunden, Verletzungen oder karmische Geschichten sein, die dem zugrunde liegen. Alles kann aufgelöst und geheilt werden. Wichtig ist, dass ihr auf energetischer, seelischer, emotionaler, göttlicher und gegebenenfalls auch auf kosmischer Ebene schaut, wo die Ursachen zu finden sind, um diese dann zu heilen. In Zufriedenheit zu sein ist das, was ihr beitragen könnt, damit euch keine Ungerechtigkeit widerfährt.

Ich sorge für die Gerechtigkeit auf Erden, ihr müsst euch nicht darum kümmern, es reicht, wenn ihr Frieden, Zufriedenheit, Zuversicht, Liebe und Freude ausstrahlt. Das ist schon immens viel. Haben alle diese Energien verinnerlicht, herrscht automatisch Gerechtigkeit auf Erden.

Fühlt ihr euch von Vorgesetzten, Kollegen, Bekannten, Freunden oder Familienmitgliedern ungerecht behandelt, schaut auf euren Selbstwert und eure Selbstachtung, dort liegt der Grund für das Handeln eurer Mitmenschen. Ihr könnt mich und Justizia zu allen Situationen rufen, in denen es um Gerechtigkeit geht, egal, wo und wann. Wir sind da und unterstützen euch, dass die göttliche Ordnung wieder hergestellt wird. Wir danken euch.

In tiefer Achtung vor eurem Sein,
Sternenengel Crasanaa

Gebet

Liebe Crasanaa,
bitte unterstütze mich dabei herauszufinden, warum ich mich ungerecht behandelt fühle. Warum befinde ich mich in dieser Situation? Weise mir den Weg, damit ich klarer sehen und Heilung und Wandlung eintreten kann. Danke. Amen.

Zuordnung auf Erden

Element:
Luft, Metall und Erde
Kristall:
Boulder Opal, blauer Opal, Feuerachat und Labradorit
Farbstrahl:
Gold und Rot
Geruch:
Trockene Erde und frischer, kühler Wind
Symbol:
Waage in einem Kreis
Kraftort:
Zentrum auf energetischer Ebene von allen obersten Gerichtshöfen der Erde
Krafttier:
Löwe, Waschbär und Maus

Musik:
Die der Meere und der Luft
Pflanze:
Wacholderbaum und Lilie

Gotzia – Sternenengel der Bestimmung

Botschaft

Liebe Menschen,

ich bin Gotzia und helfe euch, eure Bestimmung zu finden und zu leben. Seid euch gewahr, dass nun der Zeitpunkt in eurem Leben gekommen ist, eure Aufgabe, für die ihr auf Erden gekommen seid, zu erfüllen. Keine Ausreden und keine Ausflüchte möchte ich mehr hören, warum es nicht geht, seiner Bestimmung zu folgen. Wann, wenn nicht jetzt, wollt ihr es denn sonst tun?

Diejenigen von euch, die bereits den Weg ihrer Bestimmung gehen, können allen anderen Menschen ein Vorbild sein. Bleibt auf eurem Weg, auch wenn es manchmal holprig wird. Irgendjemand muss anfangen, den Weg seiner Bestimmung zu gehen, sonst kapiert es keiner. Zum Glück gibt es schon viele Seelen, die dem folgen.

„Wie finde ich meine Bestimmung?", fragen sich bestimmt viele. Indem ihr lernt, auf euer Herz zu hören. Euer Herz ist der Vermittler eurer Seele. Später, wenn ihr ein wenig weiter seid in eurer Entwicklung, könnt ihr die Informationen und Impulse direkt von eurer Seele empfangen. Doch jetzt konzentriert euch erst einmal auf euer Herz, das weiß, wo es lang geht. Übt, die Impulse von eurem Herzen zu empfangen, spürt in euch hinein, was für euch stimmig ist und was nicht. Was macht euch Freude, was nicht? Es geht auch um die kleinen Dinge in eurem Leben. Wichtig ist, dass ihr wisst, was ihr wollt, also was euer Herz will. Das fängt beim Essen an und hört bei der Bestimmung auf. Traut euch selbst mehr zu! Ich helfe euch zu erkennen, was eure Bestimmung ist. Geht immer wieder in die Stille, damit euer Geist sich leeren kann. Macht einfach nichts, sondern seid einfach da. So können sich der Körper, der Geist und die Seele etwas vom Alltag ausruhen und nach vorne schauen. In der Stille empfangt ihr meistens wichtige Impulse eures Herzens. Gebt euch der Stille eures Seins und der Leichtigkeit eurer Seele hin. Ihr werdet es nicht bereuen. Ich bin bei euch.

Gotzia

Gebet

Liebe Gotzia,

bitte hilf mir, die Impulse meines Herzens bewusst wahrzunehmen, damit ich erkenne, was meine Bestimmung auf Erden ist. Ich werde meine Bestimmung annehmen und darauf vertrauen, dass es das Beste für mich ist, diesen Weg zu gehen. Danke. Amen.

Zuordnungen auf Erden

Element:
Erde
Kristall:
Larimar
Farbstrahl:
Hellblau mit goldenen und silbernen Glitzerfäden
Geruch:
Frisch geputzte Räume und frische Farbe in Ateliers
Symbol:
Die liegende Acht und die Unendlichkeit des Seins
Kraftort:
Museen bildendender Kunst, Kreativ-Werkstätten und Ateliers

Krafttier:
Regenwurm, Waschbär und Hase
Musik:
Laute und Mandoline
Pflanze:
Erle und Buche

Gotzia ist auch der Sternenengel der Künstler.

Klara – Sternenengel der Gesundheit

Botschaft

Ihr Lieben, seid gegrüßt.

Ich bin Klara, der Sternenengel der Gesundheit. Gesundheit ist ein weiter Begriff, denn was bedeutet Gesundheit wirklich? Ihr alle lebt in der Veränderung. Euer Körper, euer Geist und eure Seele entwickeln sich ständig weiter, zu jeder Zeit. Gesundheit ist ein Begriff für etwas, was es gar nicht gibt, denn keiner von euch ist derzeit in der vollkommenen göttlichen Ordnung und Gesundheit auf allen Ebenen. Wäre es so, hättet ihr keine Aufgabe mehr auf Erden und würdet ins Licht gehen. Sind die Aufgaben zu groß für Körper, Geist und Seele, verlasst ihr ebenfalls die Erde.

Es ist wichtig, dass ihr euch mit eurer Seele jeden Tag verbindet und euch ihrer Liebe und Kraft immer bewusster werdet. Die Seelenenergie ist das Einzige, das euch wirklich in die göttliche Ordnung auf allen Ebenen bringt. Dafür habt ihr euer ganzes Leben Zeit. Da stetig neue kosmische Energien auf Erden einströmen, ist jeder Tag immer wieder ein Tag der neuen göttlichen Ordnung. Diese göttliche Ordnung jeden Tag aufs Neue bedeutet Veränderung, und Veränderung ist Leben. Seid dankbar, dass ihr im Wandel und im Aufstieg der Erde lebt, denn nur das bedeutet wirklich Leben.

Gesundheit ist die Erhaltung eures Gesundseins mit allen Mitteln. Es ist auch in gewisser Weise ein Kampf gegen das Kranksein. Nehmt es an, dass euer Körper sich jeden Tag wandelt. Er passt sich der göttlichen Ordnung und den kosmischen Energien täglich aufs Neue an. Bei diesem Wandlungsprozess kann es schon zu der ein oder anderen Beschwerde kommen. Manchmal sogar so, dass ihr denkt, ihr würdet nie mehr ohne

Beschwerden und Zipperlein leben. Doch was derzeit bei euch geschieht, ist Heilung. Alle körperlichen wie auch seelischen Beschwerden weisen euch auf Verhaltensweisen hin, die nicht mehr stimmig für euch sind. Löst diese auf, dann gehen die Beschwerden zurück oder verschwinden ganz.

Tauchen schwerere Krankheiten oder Verletzungen auf, gilt es, näher hinzusehen und die Ursachen auf seelischer Ebene herauszufinden.

Jede Zelle eures Körpers ist im Zustand der göttlichen Ordnung mit Seelenenergie gefüllt. Das erhält euren Körper gesund. Die Seelenenergie wandelt auch dunkle in lichtvolle Energie und energetisiert eure Organe, euer Gewebe und alle anderen Körperteile. Mit einer kleinen Übung könnt ihr euch jeden Tag mit eurer eigenen wundervollen Seelenenergie füllen und energetisieren.

Die Verbindung von Körper und Seele ist lebenswichtig. Ist sie nicht mehr da, trennt sich die Seele von eurem Körper, und damit beginnt der langsame oder auch schnelle Weg des Abschieds von der Erde. Die Seele kapselt sich vom Körper ab, es entstehen zwei Energien, ja, zwei individuelle Systeme, die nicht mehr zusammenarbeiten. Deswegen bitte ich euch, so oft es geht, die untenstehende Meditation auszuüben, um in Verbindung mit eurer Seele zu sein. Ich weiß, dass alle Sternenengel von eurer einzigartigen Seelenenergie sprechen, und oft wiederholen sich unsere Worte. Doch liegt es uns sehr am Herzen, dass ihr die Wichtigkeit eurer Seele, euren göttlichen Schatz in euch, erkennt. Deswegen sprechen wir oft die Einheit der Seele, die Seelenenergie, die Seelenliebe, die Kraft der Seele und vieles mehr an. Wir werden euch immer wieder erinnern, so lange, bis ihr es auf allen Ebenen eures Seins verstanden habt. Ich danke euch für euer Zuhören.

Sternenengel Klara

Affirmation für Gesundheit

Ich bin in der göttlichen Ordnung.

Gebet

Liebe Klara,
ich bitte dich, mir zu helfen, meine göttliche Ordnung wiederherzustellen. Bitte stärke mich in meinem Sein, damit ich den Mut habe, näher hinzuschauen, um die Ursache für meine Beschwerden zu finden. Ich bitte um Heilung. Danke. Amen.

Zuordnungen auf Erden

Element:
Göttlichen Liebe und Metall
Kristall:
Opal und Jadestein
Farbstrahl:
Weiß und Gold
Geruch:
Frische Luft und Vanille
Symbol:
Rose
Kraftort:
Wiesen und Wälder
Krafttier:
Libelle, Hase, Drache und Phönix
Musik:
Klaviermusik von Chopin und die „Vier Jahreszeiten" von Vivaldi

Pflanze:
Margerite, weiße Tulpe und Heilkräuter

Meditation „Energetisierung der Körperzellen mit der eigenen Seelenenergie"

Geh in die Stille und atme bewusst ein und aus. Lass alle deine Gedanken vorüberziehen und komm zur Ruhe. Nun stell dir vor, wie du dich beim Einatmen mit deiner Seele verbindest und beim Ausatmen diese Verbindung noch einmal stärkst. Spüre, wie kraftvoll deine Seele ist. Spüre die Liebe, die von ihr ausgeht und nur für dich bestimmt ist.

Du kennst deine Seele seit Anbeginn deiner Existenz in der göttlichen Quelle. Es ist die größte Liebe, die du je erfahren kannst, denn sie ist tief verbunden und eins mit Gott.

Nun beginne, deine Seelenenergie, die voller Liebe ist, langsam in jede Zelle deines Körpers fließen zu lassen. Atme in deine Seele ein und lass sie beim Ausatmen in jeden Winkel deines Körpers strömen.

Spüre, wie deine Energie kraftvoller wird und sich deine Schwingung anhebt. Hast du Schmerzen in deinem Körper oder weißt um einen Energiemangel in einem deiner Organe oder anderen Teilen deines Körpers, lass bewusst deine Seelenenergie dorthin fließen. Spüre, wie sich dein ganzer Körper mit deiner Seelenenergie füllt. Du bist eins mit ihr, du bist eins mit deiner Seele. Dein Körper steht in vollkommener Verbindung zu deiner Seele.

Komm dann langsam wieder in den Raum zurück, öffne deine Augen und spüre, wie erfüllt du nun bist von deiner eigenen wunderbaren Energie.

Diese Übung kannst du so lange machen, wie du möchtest.

Maranta – Sternenengel der Meere und des Manta-Rochens

Botschaft

Seid gegrüßt,
ich bin Maranta und sende euch die Kraft und die Energie des Schwebens der Meere. Die Wellen des Meeres sind ähnlich den Wellen eures Lebens. Mal sind sie groß, mal klein, still oder laut. Ich helfe euch dabei, euch treiben zu lassen, im Vertrauen zu Gott. Die Wellen und das Meer tragen euch durchs Leben. Bleibt ruhig und gelassen in der Zuversicht, dass auch stürmische Zeiten vorübergehen. Die Kraft des Meeres ist wie die Kraft Gottes, wie die von Jesus Christus, er hilft euch dabei, durch hohe Wellen in die Stille des Wassers zu gleiten.

Der Manta-Rochen ist ein kraftvolles Tier, er schwebt förmlich durch das Wasser, egal, ob es rau oder ruhig ist. Er lässt sich von dem Rhythmus der Wellen tragen und steht für die Leichtigkeit im Wasser. Der Manta ist eins der leisesten und friedlichsten Tiere des Wassers. Leben und leben lassen ist seine Devise. Also nehmt euch ein Beispiel an seinem wahrhaften Sein. Hört auf, eure Konzentration zu verschwenden, indem ihr sie auf eure Mitmenschen lenkt. IHR seid wichtig! Kehrt bewusst eure Aufmerksamkeit nach innen, denn so seid ihr stark. Ist eure Wahrnehmung auf euch gerichtet, verlasst ihr nicht so schnell eure Mitte. Geht in die Wahrnehmung, nicht mehr und nicht weniger. Lasst euch treiben in Leichtigkeit und Vertrauen.

Es ist vollbracht. Sei und werde. Stille und Leichtigkeit, Frieden und leben lassen – all das könnt ihr verwirklichen, ich weiß es. Ich glaube an euch und an das, was ihr für den Frieden auf Erden umsetzen könnt. Übt euch im Vertrauen, von Gott und Jesus Christus getragen zu werden.

Ihr könnt es ganz real in einem Schwimmbad oder im natürlichen Gewässer üben. Begebt euch dafür an einen Ort, wo sich Wellen befinden, zum Beispiel in einer Therme im Bereich der Massagedüsen. Nehmt euch eine Schwimmnudel und klemmt sie unter eure Arme hinter den Rücken und lasst euch treiben. Die Energien der Blubber der Strömungen werden euch immer aus dem Strudel hinausbewegen. Ihr werdet getragen von der Kraft des Wassers.

Auch im stillen Wasser könnt ihr es ausprobieren, wie es sich anfühlt, wenn ihr nichts tun müsst und einfach gehalten werdet. Ihr könnt alles loslassen, was euch bedrückt oder wofür ihr die Verantwortung tragen müsst. Genießt dieses Gefühl, sich um nichts kümmern zu müssen. Nehmt dieses besondere Gefühl mit in euren Alltag und denkt daran, wenn mal wieder stürmische Zeiten kommen. Ihr werdet getragen von der Kraft Gottes! Ihr werdet getragen von eurem Lebensfluss! Ruft mich, ich helfe euch, dies zu glauben und umzusetzen.

Maranta

Gebet

Lieber Maranta,

bitte stärke mich in meinem Glauben an Gott/an die göttliche Quelle. Bitte unterstütze mich in meiner Zuversicht und in meinem Vertrauen, dass immer für mich gesorgt ist und ich von der Liebe Gottes umhüllt und von ihm getragen werde. Ich bin die Zuversicht. Ich bin das Vertrauen. Ich nehme an und lasse geschehen. Danke. Amen.

Zuordnungen auf Erden

Element:
Wasser
Kristall:
Azurit, blauer Topas und Lapislazuli
Farbstrahl:
Kristallblau, Dunkelblau, Hellblau, Weiß und Silber
Geruch:
Muscheln und Gestein
Symbol:
Stern
Kraftort:
Alle Meere dieser Welt
Krafttier:
Manta-Rochen
Musik:
Klaviermusik, besonders von Chopin
Pflanze:
Koralle, Seegras, Schilf und alle Pflanzen, die sich im Wind wiegen

Marusa – Sternenengel des Ostens und von Russland

Botschaft

Seid gegrüßt.

Liebe ist das Mächtigste auf der Welt, was es derzeit gibt. Auch in allen Himmelsrichtungen und Ländern ist die Liebe zu sehen und zu fühlen, wenn auch oft nicht sofort. Spürt die Seelen der Menschen, denn sie tragen die Liebe in sich.

Ich bin der Sternenengel des Ostens, ich schütze das alte Wissen Russlands. Aber ich habe auch die Aufgabe, das Wissen wieder zugänglich zu machen, zum Wohl aller. Ich werde den Schatz öffnen, den es zu öffnen gilt. Haltet euch fest, denn vieles wird in die Veränderung gehen. Keine Angst, es ist alles zu eurem Besten. Meine Energie strahlt in den Farben Rot und Orange, und auch wenn Russland oft ein kaltes Land ist, ist es in seinem Herzen warm. Noch gibt es eine Barriere zu Russland – egal, von welcher Himmelsrichtung ihr es seht, Russland steht alleine da. Doch diese Situation wird sich mit der Zeit immer mehr auflösen. Ich spreche hier von den Barrieren auf energetischer und seelischer Ebene, die jetzt bereits kleiner werden. Je größer das Herzensnetz auf Erden wird, desto schwächer werden alle Barrieren, die die Einheit der Herzen derzeit noch verhindern.

Ihr könnt mich rufen, wenn ihr neue Motivation für eure Visionen oder die Weiterentwicklung eurer Ideen braucht. Ihr könnt mich rufen, wenn ihr altes Wissen benötigt, um zu erkennen. Ich bin für euch da.

Marusa

Gebet

*Liebe Marusa,
ich bin bereit, Wissen zu empfangen, damit ich erkenne.
Danke. Amen.*

Zuordnungen auf Erden

Element:
Feuer und Erde
Kristall:
Karneol, Achat und Rubin
Farbstrahl:
Orange und Gelb
Geruch:
Weite Steppe und das Fell von Tigern
Symbol:
Mandalas aus farbigem Sand
Kraftort:
Tundra und Taiga Russlands
Krafttier:
Bär, Habicht, Erdmännchen und Tiger
Musik:
Russische Musik, am liebsten russische Chansons
Pflanze:
Pflanzen, die in der Tundra und der Taiga wachsen

Salomon – Sternenengel der Einheit

Botschaft

Liebe Seelen, seid gegrüßt!

Ich bin Salomon, der Sternenengel der Einheit auf Erden. Meine Aufgabe ist es, euch dabei zu helfen, Körper, Geist, Energie und Seele in Balance und in Einheit zueinander zu bringen. Erst sind es diese vier Ebenen, die es gilt, so auszugleichen, dass sie eine Einheit bilden. Später kommen die kosmische Ebene und andere Ebenen dazu, die mit in euer Leben integriert werden möchten. Diese darf ich aber hier noch nicht nennen.

Viele von euch wissen bereits um die Wichtigkeit, alle vier Ebenen in euch in Einklang zu bringen. Die Seelenebene ist die Ursprungsebene für alles, was ihr auf geistiger, energetischer und körperlicher Ebene erfahrt. Von ihr geht alles aus, von ihr wird alles bestimmt. Die Seelenebene ist die göttliche Ebene in euch. So seid ihr Gott ganz nah, denn ihr tragt ihn in euch.

Ist eure Seele nicht mit Gott verbunden, hat das Folgen für den weiteren Verlauf eures Leben. Gründe dafür, dass die Seele nicht mit Gott verbunden ist, können sein, dass die Seele früher einmal verletzt worden und/oder nicht richtig in euren Körper inkarniert ist. Die Seele ist der Ursprung von allem. Ist sie verletzt, geteilt oder auch von euch mit Schutz ummantelt worden, könnt ihr nicht eure göttliche Kraft auf Erden leben. Ihr geht euren Weg mit angezogener Handbremse oder erhaltet erst gar nicht die Möglichkeit, euren Herzensweg zu gehen. Deswegen ist die Heilung eurer Seele das Erste und Wichtigste, was ihr anstreben solltet.

Oft liegen mehrere Schichten vor dem Tor eurer Seele, die es aufzulösen gilt. Das kann einige Jahre in Anspruch nehmen, doch ist es auch ein aufregender Weg, euch selbst immer ein Stück näherzukommen. Alle Seminare, die euch auf dem Weg zu eurer Seele begleiten, sind auf Erden berechtigt, auch die Seminare, die vielleicht nicht aus reinem Herzen geführt worden sind. Doch auch solche Erfahrungen haben Gründe, warum sie gerade euch passieren. Geht in euch und sucht den Weg zu eurer Seele, ihr werdet ihn finden. Erklärt ihr die Absicht, geht ihr bereits den Weg. Auf diesem spannenden Weg werdet ihr die Gründe für körperliche und geistige Beschwerden finden und wahrnehmen, was ihr aussendet, um es dann so zu verändern, dass es mit Gottes Plan übereinstimmt.

Ich werde euch auf diesem besonderen Weg begleiten. Hört nicht auf die Menschen, die noch nicht verstanden haben, dass immer erst die Seele geheilt werden muss, damit der Körper in die Gesundheit gehen kann. Alle Ebenen sind wichtig, doch die Seelenebene ist die Basis für ein gesundes Sein auf Erden. Auf ihr baut sich alles auf. Jede Medizin hat auf ihrer Ebene ihre Berechtigung. Die Heilung auf mehreren Ebenen kann parallel verlaufen, wichtig ist nur, die Seelenebene nicht zu vergessen.

Der Plan einer jeden Seele ist auch für uns Sternenengel nicht einsehbar, und es kommt vor, dass die Seele ins Licht gehen möchte, auch wenn derjenige alles gemacht hat, um sie zu heilen. Die Sehnsucht, in das wundervolle Licht zu gehen, ist einfach zu stark. Vielleicht waren die Erlebnisse auf Erden zu tiefgreifend und zu verletzend. Auch wir können es nicht vorhersehen, wann eine Seele die Erde verlässt und wann nicht.

Achtet auf eure Seele, damit sie wieder in göttlichem Glanz erstrahlen kann. Achtet auf euren Körper und gebt ihm das, was er braucht, um gesund zu leben. Achtet auf euren Geist, dass ihr ihn nicht mit negativen Energien versorgt, sondern mit hochschwingenden Gedanken stärkt. Sorgt gut für euren Energielevel. Was schwächt euch, was tut euch gut? Folgt euren

Wahrnehmungen, denn sie stimmen immer. Ich begleite euch auf eurem Weg in die Einheit.

Danke für euer wundervolles, vielfältiges und einzigartiges Sein auf Erden.

Salomon

Gebet

Lieber Salomon,
bitte stärke mich auf meinem Weg zu meiner Seele. Lass mich die Ursachen für die geschlossenen Tore vor meiner Seele erkennen. Bitte hilf mir, diese aufzulösen und in die Heilung zu bringen. Sende mir Impulse und Zeichen, wie ich meine Seele, meinen Körper, meinen Geist und meine Energie stärken kann. Danke. Amen.

Zuordnungen auf Erden

Element:
Erde, Luft und Wasser
Kristall:
Bergkristall, Turmalin und Schieferstein
Farbstrahl:
Weiß mit goldenen und lavendelfarbenen Glitzerfunken
Geruch:
Lavendel
Symbol:
Kreise in allen Größen und Farben und zwei goldene Ringe, die sich an einer Seite überschneiden

Kraftort:
Wasserfälle und Rosengärten, Pyramiden in Europa und Ägypten
Krafttier:
Pandabär, Libelle, Krokodil und Elefant
Musik:
Der Ton „A", gesungen oder auf einem Instrument gespielt
Pflanze:
Blühende Kirsch- und Apfelbäume und hohe Gräser

Sandtifia – Sternenengel des Strands und der Weite

Botschaft

Liebe Seelen auf Erden,
ich bin Sandtifia, und mir wurden der Strand und die Weite zugeordnet. Ruft mich, wenn ihr in euch eine Enge spürt. Ruft mich, wenn ihr euch nicht frei fühlt. Ruft mich, wenn ihr euch blockiert fühlt.

Die Weite des Sehens, des Rufens, des Spürens und des Hörens ist unendlich. Mit euren Augen könnt ihr in die Ferne schauen. Mit euren Augen könnt ihr die Weite des Meeres, der Berge und einer Landschaft sehen. All das könnt ihr auch mit eurem Herzen und mit eurer Seele wahrnehmen. Ihr spürt die Weite des Meeres in eurem Herzen. Auf beiden Ebenen, auf der seelischen und auf der Erdenebene, könnt ihr euch in der Wahrnehmung der seelischen Weite üben. Leicht funktioniert das an einem Strand. Das Meer verbindet euch mit eurer inneren Freiheit und seelischen Weite. Habt ihr die Möglichkeit, das zu erleben, tut es. Setzt euch in den Sand und atmet die Weite und die Luft des Meeres ein. Der Sand gibt euch die nötige Erdung für diese Übung. Spürt das Zusammenspiel zwischen Meer und Strand. Atmet die Luft und gleichzeitig die Weite des Meeres ein. Fühlt, wie sich euer Brustkorb weitet und die neuen Energien in eure Lunge strömen.

Die seelische Weite in eurem Innen und Außen könnt ihr auch auf einem Berggipfel aktivieren. Geht auf einen Berg oder fahrt mit einer Seilbahn hoch und genießt den Ausblick über die Berge. Die Weite der Berge gibt euch Kraft, Erdung und inneren Frieden.

Der Strand besteht aus feinsten und kleinsten Bestandteilen der Materie, und trotzdem bilden sie im Gesamten eine

Weite, die wundervoll mit dem Meer harmoniert. Diese Kombination von Strand und Meer ist die Basis für die Verbindung der Elemente Wasser, Luft und Erde. Der Strand ist gleichzeitig auch der Grund des Meeres. Sie gehen ineinander über. Sie sind eine Einheit und wechseln sich mit den Elementen ab. Manchmal kommt das Meer weit über den trockenen Strand, mal bleibt es zurück. Auch der Mond ist in diesem Zusammenspiel involviert. Die weibliche Energie lenkt die Wellen des Meeres.

Auch in eurem Leben fließt alles zusammen, wenn ihr ihm die Möglichkeit dazu gebt. Haltet ihr die Zügel eures Lebens zu fest, kann nichts mehr in der göttlichen Ordnung fließen. Die göttliche Ordnung stellt sich jeden Tag aufs Neue ein, deswegen ist es so wichtig, dass ihr flexibel und spontan bleibt und euch nicht an den Zügeln des Lebens festhaltet. Lasst euch jeden Tag auf die neue göttliche Ordnung ein, seid wie Strand und Meer, sie fließen ineinander und erschaffen so eine enorme Kraft: die Kraft des Lebens.

Ich arbeite mit den Sternenengeln Liberta und Lisia zusammen, auch sie sind der Freiheit und der Weite zugeordnet. Auch der Sternenengel Maranta ist oft bei der Erfüllung meiner Aufgaben dabei. Ruft ihn, wenn ihr die Kraft der Meere für eure Weiterentwicklung benötigt.

In tiefer Liebe,
Sternenengel Sandtifia

Gebet

Liebe Sandtifia,
bitte unterstütze mich, die Weite des Meeres in meiner Seele zu spüren. Ich bin die Weite meiner Seele. Ich fühle ihre Grenzenlosigkeit und die Kraft, die sich dahinter verbirgt. Ich lasse die Weite und ihre Grenzenlosigkeit meiner Seele zu. Danke. Amen.

Zuordnungen auf Erden

Element:
Luft und Wasser
Kristall:
Perle in einer Muschel
Farbstrahl:
Blau, Mandarine und Perlmutt
Geruch:
Frische Meeresluft und Korallen im Wasser
Symbol:
Dreizack des Wassermannes und der Kreis
Kraftort:
Strände, Meere und Berggipfel
Krafttier:
Schnecke, Delfin und Wal
Musik:
Harfe
Pflanze:
Algen, Gräser und Edelweiß

Meditation „Lebensfluss"

Geh in die Stille und stell dir vor, wie du an einem einsamen Strand sitzt. Nimm das Zusammenspiel von Wellen, Meer und Strand wahr. Strömt das Wasser immer zur gleichen Stelle am Strand, oder ändert sich das jedes Mal? Was passiert mit dem Sand? Ändert sich der Strom des Wassers? Passt sich der Sand der Strömung an oder weigert er sich, weil er nicht mehr die Strömung von vorhin erlebt hat? Hat der Sand Zügel, die er in der Hand hält?

Nein. Der Sand passt sich immer den Strömungen des Meeres an. So sollte es auch in deinem Leben sein. Das Meer ist der Rhythmus und die Strömung des Lebens. Lass sie geschehen, denn du kannst nicht dagegen angehen.

Stell dir vor, wie du dich der Strömung deines Lebens, die von Gott gegeben ist, hingibst. Sei wie das Zusammenspiel von Strand, Meer und Wellen. Fühle die Harmonie zwischen den verschiedenen Elementen. Gib dich dem Rauschen der Wellen hin. Lass dich darauf ein, denn du gehst damit in Resonanz mit deinem Sein. Spüre, wie dein Lebensfluss sich mit dir vereint. Spring, bildlich gesehen, in deinen Fluss des Lebens und lass dich von seinen Strömungen treiben. Du bist sicher und geborgen, denn du befindest dich in deinem eigenen Lebensstrom. Alles ist gut so, wie es ist. Nimm es an.

Sethee – Sternenengel des Geistes

Botschaft

Seid gegrüßt,
ich bin Sethee, der Sternenengel des Geistes. Ich bringe euch Ideen, Logik und Verständnis. Ideen, die euch von Gott und eurer Seele gesandt werden. Logik, um den Zusammenhang zwischen Gedanken, göttlichen Ideen und Verstand zu verstehen. Gedanken kommen und gehen. Viele von euch halten sie fest und werden eins mit ihnen. Aber Gedanken sind nur dazu da, um Erlebtes zu verarbeiten, Ideen niederzuschreiben oder gleich umzusetzen, mit den Menschen zu kommunizieren und Zusammenhänge zu verstehen. Gedanken sind nicht dafür gedacht, dass ihr an ihnen hängenbleibt. Also geht immer wieder bewusst aus ihnen heraus, um frei von einer Identifizierung mit ihnen zu werden. Das Verständnis, das ich euch bringe, ist das Verstehen von dem, was ihr in eurem Leben erlebt. Es ist das Verständnis, um eure Ego-Gedanken von den Gedanken Gottes zu unterscheiden. Es ist auch das Wahrnehmen und Erkennen, wie eure Mitmenschen sind und welche Energien euch und sie umgeben.

Lasst euch nicht zu sehr von Energien im Außen verwirren, vor allem die Medien beeinflussen ständig eure Gedanken. Leider glauben viele Menschen immer noch, dass die Nachrichten, die euch vorgesetzt werden, zu 100 % der Wahrheit entsprechen. Und genau da setzen euer Verständnis, eure Logik und die Idee eures Geistes ein. Nehmt wahr, was stimmt und was nicht. Nehmt wahr, welche die wirklichen Zusammenhänge und Hintergründe der Informationen sind, die euch vorgesetzt werden, nicht nur auf Erden, sondern auch auf höheren Ebenen. Traut euren Ideen und Impulsen, die ihr dazu empfangt.

Stille ist wichtig, um euren Geist zu beruhigen, sodass er seine eigentliche Aufgabe erfüllen kann. Gönnt euch regelmäßig Pausen, um eurem Geist eine Erholung zu bieten. Lasst die Gedanken bewusst vorbeifließen, wenn sie in euch aufkommen. Konzentriert euch auf die Stille und befreit euren Geist von euren wiederkehrenden Gedanken. So schafft ihr einen freien Raum in euch, der Neues zulässt.

Diese tägliche Ruhephase für euren Geist ist wichtig, denn sie beugt Erschöpfung und Stress vor und hilft euch, in eure Mitte zu kommen, egal, wo ihr seid. Stille könnt ihr in der Natur erfahren oder an einem anderen Ort, wo es ruhig ist. Es reichen zehn Minuten, um euch von euren Gedanken und dem Lärm in eurem Umfeld zu erholen und zu reinigen. Tut es. Ruft mich, wenn es euch schwerfällt, in die Stille zu gehen.

Sethee

Gebete

Liebe Sethee,
ich bitte dich, mich dabei zu unterstützen, in die Stille zu gehen. Hilf mir, dass ich meine Gedanken vorüberziehen lasse, um frei zu werden in meinem Geist. Ich bin frei von Gedanken. Ich bin frei in meinem Geist. Ich habe den Mut, Stille zuzulassen. Amen.

Liebe Sethee,
bitte hilft, mir meinen Impulsen und Ideen zu vertrauen, damit ich meinem Herzensweg folgen kann. Danke. Amen.

Zuordnungen auf Erden

Element:
Luft und Äther
Kristall:
Selenit und Bergkristall
Farbstrahl:
Kristallweiß
Geruch:
Eis in der Natur und Meeresbrise
Symbol:
Viereck und Dodekaeder
Kraftort:
Wasserfälle, Stürme auf weiten Flächen und der Ausblick über die Alpen von einem Gipfel aus
Krafttier:
Schneeleopard, Katze und Falke
Musik:
Meditative Musik
Pflanze:
Schneeglöckchen, Aster und Heckenrose

Meditation „Stille"

Geh in die Stille und atme bewusst in dein Herzchakra ein und aus. Tue das mehrmals, bis du eine innere Ruhe in dir verspürst. Stell dir dann vor, wie du das göttliche Licht über dein Kronenchakra einatmest und dein Herzchakra beim Ausatmen damit füllst. Rufe nun den Sternenengel Sethee und bitte sie, Stille in deinen Geist einkehren zu lassen. Lass alle Gedanken bewusst an dir vorüberziehen, halte keinen fest. Das kann eini-

ge Minuten dauern. Konzentriere dich auf deinen Atem, dann kannst du deine Gedanken besser vorüberziehen lassen. Nimm die Stille in dir und um dich herum wahr und lass sie zu. Halte diesen Zustand, so lange du kannst. Es wird am Anfang etwas dauern, bis du es schaffst, einen freien Geist zu spüren, doch gib nicht auf. Es lohnt sich.

Übt ebenfalls tagsüber öfter, nicht zu denken, wenn ihr zum Beispiel Hausarbeit verrichtet oder auf dem Weg von der Küche ins Bad seid. Werdet euch bewusst, wie oft ihr denkt und, vor allem, welche Gedanken ihr hegt und „pflegt". Jeder Gedanke erschafft euer Leben, deswegen ist es so wichtig, dass ihr wahrnehmt, wann ihr denkt und wisst, was ihr denkt. Werdet euch eurer Gedanken bewusst. Wandelt euer Leben in positive Energie, indem ihr immer öfter in die Gedankenleere geht, so erlebt ihr eine positive Wende in eurem Leben.

Silame – Sternenengel des Blitzes und der Ideen

Botschaft

Liebe Seelen auf Erden,
ich bin Silame und bringe euch die Energie des Blitzes. Blitze sind wichtige Helfer in der Natur, um aufgestaute Energien in der Luft zu klären. Blitze reinigen die Atmosphäre, sei es auf der Ebene der Natur und der Erde oder auf der Ebene eurer Gedanken und Emotionen. Sie durchbrechen die fest gewordenen Energien in eurem Massenbewusstsein und sind kraftvolle Explosionen, die die göttliche Ordnung wieder herstellen. Sind die aufgestauten Energien zu groß, hilft nur noch die Erdung des Blitzes, ein Einschlag in der Erde, um so die Blockaden aufzulösen.

Die Energie des Blitzes ist auch in Ideen enthalten, die plötzlich aus heiterem Himmel zu euch kommen. Die Ideenblitze sehen auf energetischer Ebene so aus, als würde ein kleiner göttlicher Kanal in Sekundenschnelle geschaffen werden, um so die göttliche Energie der Idee zu euch zu transportieren. Ideen kommen immer plötzlich, oft in Situationen, in denen ihr gar nicht an das Thema oder Problem gedacht habt, das es zu lösen galt. Aber auch kreative Ideen entstehen nicht, indem ihr vor einem weißen Blatt Papier sitzt, sondern oft, wenn ihr in die Stille geht. Zu viel Lärm um euch herum und eure permanenten Gedanken sind Gift für eure Kreativität und stören die Kommunikation zu Gott.

Ich bin dem goldgelben Strahl zugeordnet, der eine immense göttliche Kraft in sich trägt. Mit diesem goldgelben Strahl könnt ihr gestaute Energien in euch wieder zum Fließen bringen. Besonders bei kreativen Arbeiten, wie das Schreiben, das Malen oder andere künstlerische Aktivitäten, könnt ihr mit meinem blitzenden Strahl die Sperre in euch aufheben.

Neue Ideen brauchen freie Räume in euch. Ich helfe euch, diese in euch zu schaffen. Geht in der Natur in die Stille und hört eurer Seele zu. Lasst euch ein auf ihre Impulse, denn sie ist die direkte Verbindung zu Gott. Von ihm wird euch alles gegeben, um eure Fähigkeiten auf Erden zu leben und eure dortige Aufgabe zu erfüllen. Ruft mich, und ich bin sofort bei euch.

Eure Silame

Gebet

Lieber Sternenengel Silame,

bitte unterstütze mich, meinen Geist zu leeren und ihn mit neuen Ideen zu füllen. Löse alles auf, was mich daran hindert, göttliche Impulse zu empfangen. Ich vertraue dir, und ich vertraue mir, auch in der Stille und Leere meines Geistes meine Kreativität zu leben. Danke. Amen.

Zuordnungen auf Erden

Element:
Feuer und Luft
Kristall:
Bergkristall und Opal
Farbstrahl:
Kristall, Diamant, Weiß, Gold und Gelb
Geruch:
Wärme des Feuers und Kälte von Gebirgsbächen
Symbol:
Dreizackiger Blitz

Kraftort:
Geysire, Gletscher und Seen
Krafttier:
Lama, Lachs, Pferd und Adler
Musik:
Symphonie „Eroica" von Beethoven
Pflanze:
Kaktee, Edelweiß und Lilie

Soraius – Sternenengel der Achtung des Wertes

Botschaft

Seid gegrüßt liebe Menschen,

ich bin Soraius und möchte euch die Achtung des Wertes näherbringen. Ihr wundert euch vielleicht, was das sein soll, die Achtung des Wertes. In eurer Welt ist es zur Gewohnheit geworden, immer nach günstigen Dingen Ausschau zu halten. Viele tun es, weil sie scheinbar durch ihre finanzielle Lage dazu gezwungen werden, andere, weil sie das Preisleistungsverhältnis aus den Augen verloren haben. In eurer Welt gilt es als persönlicher kleiner Erfolg, weniger für eine Sache bezahlt zu haben. Das fängt bei Prozenten im Möbelhaus an und hört bei den kleinsten Verkäufen, zum Beispiel auf einem Flohmarkt, auf. Viele sind nicht mehr gewillt, den Preis für etwas zu bezahlen, den es hat, einfach weil es diesen Preis wert ist. Bei der ganzen Jagd auf Schnäppchen und Rabatte habt ihr eins verlernt: die Achtung vor dem eigentlichen Wert einer Sache. Ihr wertet die Dinge durch eure gewohnte Sichtweise ständig ab.

Ist euch schon einmal aufgefallen, dass Qualität ihren Preis hat? Ist euch entgangen, dass zum Beispiel viele billige Lebensmittel auch billig sind in ihrer Energie? Dieses billige und günstige Denken, das viele von euch tief verinnerlicht haben, hat auch eine negative Wirkung auf eure eigene Wertigkeit.

Wir wissen, dass viele von euch schauen müssen, wie sie ihr Geld einteilen, doch werdet euch bewusst, was ihr wirklich benötigt. Wir meinen damit nicht, dass ihr euch nichts kaufen sollt, sondern dass ihr euch bewusst sein sollt, was zur Ersatzbefriedigung beiträgt und zum Konsumdenken des Massenbewusstseins gehört. Nicht alles kauft ihr, weil ihr es euch wirklich von Herzen wünscht, sondern vieles landet in eurem Einkaufswagen, weil es eben gerade günstig angeboten wird und ihr denkt: Das brauche ich jetzt unbedingt für diesen Preis, wer weiß, ob dieses einmalige Angebot noch einmal kommt. Vieles wird auf eurer geistigen Ebene manipuliert, ohne dass ihr es bemerkt. Oder ihr nehmt es wahr, seid aber immer noch in dem Bewusstseinsnetz des Billig-Denkens gefangen. Ich stehe dafür, dass ihr den wahren Wert wieder erkennt. Ich stehe dafür, dass Dinge auch ihren Wert erhalten.

Auch bei Dienstleistungen geht es darum, die Arbeit eines jeden zu schätzen und zu achten. Ebenfalls gilt es, den Preis für eine Leistung zu zahlen, auch wenn nicht die gewünschten Erfolge eingetreten sind. Denn die Seele, die diesen Dienst an euch geleistet hat, hat dafür gearbeitet und ihre Zeit für euch verwendet. Nur bei Mangelware oder schlampiger Arbeit solltet ihr für die vorher abgemachte Preis-Leistung einstehen.

Bei vielen Dingen werdet ihr auch über den Tisch gezogen, weil einige Firmen mit ihrem guten Namen werben und trotzdem vielleicht nicht besser sind als andere Firmen mit niedrigeren Preisen. Es gibt Firmen, die sehr billige Sachen anbieten und sich dennoch für gerechte Arbeitsbedingungen einsetzen. Beschäftigt euch mit den einzelnen Firmen und prüft sie. Glaubt nicht alles, was man euch erzählt, sei es teuer oder billig. Es gilt, in dieser Zeit ein eigenes gesundes Preis-Leistungsverhältnis zu entwickeln, damit ihr auf der Ebene eures eigenen Wertes einkauft. Ihr könnt euch selbst immer als Gradmesser verwenden. Ihr esst die Nahrung, ihr tragt die Kleidung, ihr fahrt das Auto. Nur ihr wisst, was euch guttut. Prüft die Nahrung bei Discountern und anderen Läden. Wie geht es euch nach dem Verzehr? Prüft die Kleidung, die ihr tragt. Fühlt ihr euch wohl darin? Das könnt ihr mit allem machen, was ihr euch kaufen wollt.

Geht die Ware einkaufen, die eurem eigenen Wert entspricht.

Ich helfe euch gerne, aus dem Bewusstseinsfeld der Schnäppchen und der Energie des Hypes von Rabatten und niedrigen Preisen auszubrechen. Durch diese Minderwertigkeit und die Missachtung des Wertes einer Sache bringt ihr eure eigene Welt aus dem Gleichgewicht, denn es wird von den Menschen nichts mehr geschätzt und geachtet, auch nicht die eigene Person. Das niedrigschwingende Denken und Handeln führt zuweilen dazu, dass sich diese Raffgier in Wut, Hass und Gewalt wandelt, wie es bei manchen Verkäufen auf der Welt manchmal zu sehen ist. Keiner gönnt dem anderen etwas. Jeder ist nur auf sich konzentriert und möchte ein Stück vom billigen Kuchen abhaben. Jeder kämpft um sein Konsumleben. Leider findet diese Aufmerksamkeit auf sich selbst und der Kampf, für sich einzustehen, im falschen Bereich des Lebens statt, und das auch ohne Liebesenergie.

Wandelt dieses Verhalten, solltet ihr es noch in euch tragen. Traut euch, zu eurem eigenen Wert zu stehen und ihn auch offen zu leben. Brecht aus dieser niederen Spirale aus, die nur abwärts führt. Ich helfe euch dabei. Ihr könnt alles empfangen, was ihr wollt. Ihr könnt euch alles nehmen, was euch zusteht, denn es ist bereits da. Ihr braucht nur die Hand auszustrecken und es anzunehmen. Werdet euch eures eigenen Wertes bewusst und empfangt. Alles ist da.

In tiefer Liebe zu euch,
Sternenengel Soraius

Gebet

Lieber Soraius,

bitte hilf mir zu erkennen, wo ich unter meinem Wert und ohne Energie einkaufe. Ich bin bereit zu sehen, was für mich stimmig ist und was nicht. Bitte stärke mich darin, den Mut zu haben, die Dinge für mich zu kaufen oder Leistungen zu bezahlen, die mir wirklich guttun und meiner Herzensenergie entsprechen. Danke. Amen.

Zuordnungen auf Erden

Element:
Feuer, göttliche Liebe, Metall und Erde
Kristall:
Diamant, Platin, Weißgold, Silber und Gold
Farbstrahl:
Diamant, Platin und Weißgold
Geruch:
Frisch geschliffene Edelsteine
Symbol:
Rechteckiger Treppenschliff eines Diamanten und die Krone
Kraftort:
Diamantminen, Königshäuser, Schlösser, Prunksäle und Tante Emmaläden
Krafttier:
Muscheln mit Perle, Adler, Löwe, Brieftaube, Rabe, Krähe, Falke
Musik:
Triangel und Xylophon
Pflanze:
Maiglöckchen, Schneeglöckchen, Palmkätzchen und Seerose

Pentagus – Sternenengel der Politik

Botschaft

Ihr Lieben,

ich bin Pentagus, Sternenengel der Politik. Meine Farbstrahlen ziehen sich wie rosarote Bänder um euren Erdball. Ich erhöhe die Schwingung und verbinde sie mit Mutter Erde. So schaffe ich einen geschützten Raum, der die Energien in seinen Grenzen hält. Meine Aufgabe ist es zu schauen, dass das Weltgeschehen nicht aus dem Ruder läuft. Das mag für euch vielleicht nicht so erscheinen, weil trotz meiner rosaroten Energie Krieg, Leid und Ungerechtigkeit auf Erden herrschen. Aber es ist Teil des Plans, der vollzogen werden muss. Es ist der Plan des Aufstiegs, damit jede Energie, die mit Dunkelheit durchtränkt ist, die Möglichkeit erhält, sich in Licht zu verwandeln. Vieles sieht so aus, als wäre es nicht in der göttlichen Ordnung, doch kann ich sehen, dass die Lichter eurer Seelen immer heller scheinen und so die dunklen Energien in göttliche Liebe transformieren. Jeder von euch kann politisch aktiv werden, indem er sich für sein göttliches Strahlen, die göttliche Liebe, seinen Herzensweg und seine Wahrhaftigkeit entscheidet und einsetzt. So erschafft ihr ein Leben mit diesen wundervollen Energien.

Viele Menschen möchten sich nicht an der Politik beteiligen, sie weigern sich, aktiv dabei zu sein, um zum Beispiel eine Regierung zu wählen. Vielleicht haben sie sogar vergessen, sich daran zu beteiligen, weil es ihnen nicht mehr wichtig ist oder sie einfach genug haben von den leeren Reden einiger Politiker. Auch in der esoterischen Branche halten sich viele der Politik fern. Warum? Nur weil die Politik derzeit eine andere Schwingung trägt, die eurer nicht gleich ist? Nur von der Basis her könnt ihr das göttliche Licht und die Liebe nach oben strahlen lassen, damit alles heilen kann, was nicht in der göttlichen Ordnung ist. Ihr seid verantwortlich für die Regeln in eurem Land. Auch wenn es heißt: Die Regierung war es! Ihr seid diejenigen, die sie demokratisch gewählt haben. Habt ihr nicht an der Wahl teilgenommen, liegt das ebenso in eurer Verantwortung. Ihr habt euch eurer Verantwortung entzogen, und das solltet ihr nicht tun. Seid froh darüber, dass ihr in Europa die Möglichkeit habt zu wählen, ohne dafür euer Leben lassen zu müssen. Seid froh darüber, dass ihr jeden Tag die Möglichkeit erhaltet, an der Politik aktiv teilzunehmen.

Die Politik trägt noch viele alte Strukturen in sich, einige wurden bereits aufgelöst oder sind im Begriff, es zu tun. Doch wir brauchen euch, um neue Strukturen aufbauen zu können, und das nicht nur auf energetischer Ebene, sondern auch auf realer Erdenebene. Ihr steht in der Verantwortung, ein schönes Land zu kreieren, nicht die anderen. Das politische System wird wahrscheinlich nicht plötzlich zusammenstürzen, wie viele es vorhersagen. Doch tut es das wirklich, könnt ihr nicht erst dann mit einem Neuaufbau beginnen. Die neuen Strukturen müssen vorher gesetzt worden sein. Wenn ihr jetzt nicht die Möglichkeit ergreift, selbst neue Strukturen zu erschaffen, dann wird es auch nicht nach einem Zusammenbruch geschehen. Sind keine neuen Strukturen vorhanden, wird alles wieder auf dem Alten aufgebaut werden. Wollt ihr das wirklich?

Ihr tragt das Wissen in euch, wie ein neues System/eine neue Gesellschaft aussehen sollte. Also krempelt eure Ärmel hoch und engagiert euch, geht auf die Straße oder bekleidet ein Amt, damit ihr aktiv mit den neuen Energien und eurem göttlichen Strahlen neue Strukturen der Gesellschaft mit erschaffen könnt, die zum Wohl aller und in der göttlichen Ordnung sind. Habt den Mut und zeigt euch. Lasst euer Licht in Versammlungen, bei Empfängen und überall dort, wo ihr hingeht, strahlen, denn so könnt ihr die alten Strukturen erhellen und Wandlung geschehen lassen. Nicht immer müsst ihr von der Liebe und dem göttlichem Licht erzählen, auch nicht von euren Ansichten und Lebensweisen, oft reicht es schon, wenn ihr nur euer Licht strahlen lasst, damit die anderen es erkennen können. So erinnern sie sich nach und nach an ihre eigene Wahrhaftigkeit. Politiker sind auch nur Menschen, die einem Plan folgen, bei vielen ist es der Plan des Egos oder der Plan der vorgefertigten Strukturen, doch gibt es bereits einige, die dem Plan ihres Herzens folgen. Urteilt nicht über die Politiker, die noch in der alten Energie und im alten Bewusstsein verweilen, denn sie geben ihr Bestes nach ihrem Ersinnen.

Ich bin bei euch.
Pentagus

Gebet

Lieber Pentagus,

stärke mich, damit ich den Mut habe, mein Licht strahlen zu lassen, egal, wo ich bin. Ich bin die Stärke Gottes. Ich bin das Licht Gottes. Ich gehe voran und gestalte die Gegenwart zum Wohl aller in göttlicher Ordnung. Danke. So sei es. Amen.

Zuordnungen auf Erden

Element:
Feuer, Luft, Erde und Wasser
Kristall:
Smaragd, Aventurin, Rubin und Topas
Farbstrahl:
Kristall und Rosarot.
Geruch:
Frische, getrocknete und nasse Erde
Symbol:
Pentagramm in einem Kreis, der von zwölf goldenen Kugeln umgeben ist
Kraftort:
Alle wichtigen Regierungsgebäude auf der Welt, zum Beispiel der Reichstag in Berlin
Krafttier:
Löwe, Taube, Biene, Pegasus und Einhorn
Musik:
Panflöte, das Summen von Bienen und das Schnurren von Katzen
Pflanze:
Linde

☆☆☆

Ristia – Sternenengel der Erholung und der Pause

Botschaft

Meine Lieben,
ich bin Ristia und für Erholung und Pausen in eurem Leben und auf Erden verantwortlich. Pausen in eurem Alltag einzurichten ist das A und O, um gesund, fit und klar im Geist zu bleiben. Die Welt befindet sich auf der Überholspur ihres eigenen Selbst. Die Geschwindigkeit hat so zugenommen, dass euer wahres Sein nur schwer hinterherkommt. Deswegen ist es so wichtig, dass ihr euch dazwischen immer wieder mal erholt. Jeden Tag mindestens zehn bis fünfzehn Minuten absolute Stille helfen euch, eine kleine Auszeit vom Alltag zu nehmen. Das scheinbare „bloße" Rumsitzen wird nicht gerne in der Gesellschaft gesehen, denn es gilt als faul und bequem. Doch es ist lebenswichtig, euch die Erholung zu geben, die eure Seele, euer Geist und euer Körper benötigen, um den Tag zu schaffen.

Viele von euch haben schon verstanden, dass es nicht mehr funktioniert, acht oder mehr Stunden am Tag zu arbeiten, und das fünf- oder sechsmal die Woche. Wenn es nur eine Phase ist, ist das in Ordnung, aber es sollte kein Dauerzustand sein. Dabei geht es nicht um die Menschen, die hohe Positionen bekleiden, sondern um alle Menschen, die viel arbeiten, egal, welcher Aufgabe sie nachgehen. Dazu zähle ich auch Mütter und Väter, Omas und Opas. Geht immer wieder in die Stille und nehmt euch diese Zeit am Tag.

Mütter sind vierundzwanzig Stunden für ihre Kinder präsent. Bitte erlaubt euch, am Tage mindestens fünfzehn Minuten Auszeit zu nehmen, und wenn es am Abend ist, wo ihr einfach die Stille genießt und das Gefühl habt, ihr müsst in dieser Zeit nichts für andere tun. Es ist die Zeit des Loslassen, des Sich-

Freilassens, die Zeit des einfachen Seins in der Gegenwart. Das Jetzt eurer Gegenwart birgt eine unendliche Kraft in sich, also nutzt diese Zeit, um wieder Energie zu tanken für den nächsten Tag. Reduziert die Zeit am Tag, in der ihr immer präsent und konzentriert sein müsst. Es ist wichtig für eure Gesundheit, das zu tun. Erhalten euer Körper, euer Geist und eure Seele keine Pause von der ewigen Anstrengung, dann wird euch die Pause von oben gegeben, wie auch immer diese aussehen mag.

Diese Worte sind ein Hinweis darauf, selbst zu bestimmen, wann ihr in die Erholung geht. Tut ihr es nicht, veranlassen das eure Seele und euer Körper. Geht immer wieder in die Einheit von Körper, Geist und Seele, denn wenn ihr zu einer Auszeit auf seelischer oder/und körperlicher Ebene gezwungen werdet, sind Körper, Geist und Seele bereits in der Weise voneinander getrennt, dass eine Ebene aus dem Gleichgewicht geraten ist. Nehmt ihre eure persönlichen Ruhephasen wahr, beruhigt sich die Welt ebenfalls in ihrem Tempo. Alles wird langsamer in seiner Geschwindigkeit. Es tritt nach und nach Ruhe ein. Ich helfe euch gerne zu erkennen, wann wieder eine Pause nötig ist.

In tiefer Liebe,
Sternenengel Ristia

Gebet

Liebe Ristia,
bitte stärke mich in meiner Durchsetzung, meine persönliche Auszeit am Tag zu nehmen. Bitte unterstütze mich, ein Gleichgewicht zwischen Arbeit und Erholung zu finden. Ich danke dir für deine Hilfe. Amen.

Zuordnungen auf Erden

Element:
Luft und Erde
Kristall:
Beryll, Leucit, Phenakit
Farbstrahl:
Türkis mit Silber und Weiß
Geruch:
Blumenwiese im Frühling und frischer Blumenduft
Symbol:
Blumen in allen Arten und Formen
Kraftort:
Seen und Flüsse, Meere und luftige Höhen, blühende Blumenwiesen, Kräuter- und Gemüsegärten
Krafttier:
Eidechse, Blaumeise, Adlerbussard und junges Zebra
Musik:
Gesang von Kohlmeisen und Blaumeisen im Frühling
Pflanze:
Blumen, Gemüsepflanzen, Kräuter, blühende und reife Obstbäume

Virgini – Sternenengel der Reinheit und Weiblichkeit

Botschaft

Ich umarme euch,
ich bin Virgini, der Sternenengel der Reinheit und Weiblichkeit. Ihr alle tragt diese wundervollen Energien in euch. Meine Farbstrahlen sind von zarter Kraft, die die Farben Rot, Orange und Rosa in sich tragen. Sie symbolisieren die Kraft von Mutter Erde und ihre Weiblichkeit, die in euch erstrahlen. Lasst eure Weiblichkeit zu und empfangt die Ernte der Erde. Öffnet euch und lasst die Gaben der Freude und der Liebe in euch fließen.

Viele von euch können ihre Weiblichkeit nicht leben, weil sie im alltäglichen Leben so vieles stemmen müssen. Ihr kümmert euch um eure Kinder, den Haushalt, die Finanzen und die Versorgung. Geht immer wieder in kleine Erholungsphasen, damit ihr euch im Alltag und im Stress nicht verliert. Keiner kann es schaffen, all das zu bedienen und zu erfüllen, was die Gesellschaft von euch erwartet. Aber wer ist die Gesellschaft? Ihr seid ebenfalls ein Teil dieser Gemeinschaft, und auch ihr tragt die Möglichkeit und die Macht in euch, diese zum Wohl aller zu verändern.

Viele Frauen haben es aufgegeben, nur Frau sein zu wollen. Wir sehen den Wandel auf Erden, dass alle Menschen, egal, welchen Geschlechts, gleich behandelt werden möchten. Das ist auch gut so, doch dürft ihr nicht vergessen, als was ihr geboren wurdet. Als Frau oder als Mann? Diese Entscheidung zu Beginn eurer Inkarnation hatte schon ihren Grund.

Lebt eure Weiblichkeit wieder, denn sie ist die pure Reinheit Gottes. Ich spreche alle Frauen und Männer an, das zu tun, denn jeder trägt die weiblichen Energien in sich. Ziel ist es, männliche und weibliche Energien so auszugleichen und miteinander zu verbinden, dass sie optimal zusammenspielen und eine neue Kraft entstehen lassen. Gleichberechtigung, wie es viele von euch auf Erden kennen, ist nicht der Ausgleich und das Zusammenspiel, wie wir es meinen. Gleichberechtigung bei euch heißt, gleiche Aufgaben zu übernehmen und gleiches Recht zu erhalten, aber diese bilden keine Einheit beider Energien, sondern werden immer noch getrennt voneinander gelebt.

Das Geschlecht, als das ihr geboren wurdet, könnt ihr nicht ändern, und das solltet ihr auch nicht. Seid stolz auf euch, seid stolz auf eure Weiblichkeit und auf eure Männlichkeit. Diejenigen unter euch, die die Aufgabe haben, ihren Körper nach ihrer Seele zu verändern, sind genau für diese Aufgabe auf Erden gekommen. Sie haben die Aufgabe zu zeigen, dass alles möglich ist. Sie haben die Aufgabe, die alten Strukturen des Denkens aufzulösen, um Neues zuzulassen. Aber es sind nur wenige, die den Mut haben, dieser Bestimmung auf Erden zu folgen.

Liebe Frauen, lasst eure Männer wieder die Aufgaben verrichten, die für sie bestimmt sind. Liebe Männer, lasst eure Frauen wieder die Frau sein, die sie in ihrem Ursprung einmal war. So sehen auch eure Kinder, welchen Sinn es hat, eine Frau oder ein Mann zu sein.

Alle Alleinerziehenden bitte ich, mehr in die Energien des Empfangens zu gehen und darauf zu vertrauen, dass wir uns um Dinge kümmern, die euch belasten. Nehmt Hilfe an, denn sie steht euch zu. Das gilt auch für Menschen, die anderweitig Hilfe benötigen. Hilfe anzunehmen ist nichts Schlimmes. Hilfe bedeutet, die göttliche Energie eurer Mitmenschen zu empfangen. Empfangen heißt, weiblich sein.

In eurer Zeit ist es verpönt, sich einfach zurückzulehnen und nichts zu tun, denn es macht für viele keinen Sinn. Doch nur in der Stille kann eure Seele durchatmen und sich weiterentwickeln. In der Stille könnt ihr bewusst empfangen und eure

Weiblichkeit auf diese Weise zum Ausdruck bringen. Ihr könnt euch nicht vorstellen, wieviel Zeit man früher darauf verwandte, Seele und Geist baumeln zu lassen. Es war Pflicht, das zu tun, um so die Erde im Gleichgewicht zu halten. Aber das war lange vor eurer Zeit auf Erden. Übt, wieder zu empfangen, damit wir nicht auf unseren Geschenken für euch sitzen bleiben. Öffnet die Tür eures Herzens und empfangt die Geschenke, die schon lange für euch bereit stehen. Geht in die Stille und stellt euren Modus auf Empfangen.

Ich stehe ebenfalls für die Reinheit. Ein Baby strahlt die reinste Energie und Liebe aus, die auf Erden möglich ist. Das Baby, sein Körper, sein Geist und seine Seele durften in der Weiblichkeit der Mutter heranwachsen und entstehen. Die Reinheit, die jeden Tag aufs Neue geboren wird, entstammt der Weiblichkeit der Mutter.

Reinheit entsteht ebenfalls durch die Verbindung zu Gott. Durch seine Liebe könnt ihr die göttliche Reinheit in euch wahr werden lassen. Geht immer wieder in die Stille und verbindet euch mit der göttlichen Liebe, damit alles in Liebe und Licht aufgelöst werden kann, was euch nicht rein sein lässt. Ein reines Herz ist die Basis für euren Aufstieg auf Erden. Ich helfe euch, das zu erlangen.

Virgini

Gebete

Liebe Virgini,
ich möchte rein werden in meinem Herzen. Bitte unterstütze mich, den Weg der Reinheit meines Herzens zu gehen. Danke. Amen.

Liebe Virgini,

bitte unterstütze mich, das Empfangen zu lernen. Stärke mich in meiner Weiblichkeit, damit ich empfange und all die Geschenke entgegennehmen kann, die für mich bestimmt sind. Danke. Amen.

Zuordnungen auf Erden

Element:
Liebe und Wasser
Kristall:
Perle, Rosenquarz und Rhodonit
Farbstrahl:
Orange, Rot und Rosa
Geruch:
Zimt und Rose
Symbol:
Herz und Sonne
Kraftort:
Geysire auf Island
Krafttier:
Libelle, Hase und Delfin
Musik:
Akkordeon und Melodika
Pflanze:
Weiße Anemone und Blumen der Art Cosmea

Meditation „Reinheit erfahren"

Geh in die Stille und atme bewusst in dein Herzchakra ein und aus. Tue das mehrmals, bis du eine innere Ruhe in dir verspürst. Stell dir dann vor, wie du das göttliche Licht über dein Kronenchakra einatmest und dein Herzchakra beim Ausatmen damit füllst. Rufe nun Sternenengel Virgini und bitte ihn, dich mit dem Strahl der Reinheit Gottes zu verbinden. Fühle, wie sich dein Kronenchakra öffnet und diese wundervolle Energie in dich einströmt. Sie füllt alles – deine Chakren, deinen Körperzellen, deinen Geist und dein Herz. Verweile in dieser göttlichen Energie und lass einfach zu. Sei offen und empfange die Reinheit Gottes, die nun in dich einfließt. Atme diese wundervolle Energie ein und lass geschehen. So sei es.

Alles löst sich nun, was sich lösen möchte. Vertraue, dass deine Seele weiß, was es ist. Du musst es nicht benennen können, sondern gib dich der göttlichen Reinheit hin, so lange du möchtest. Komm dann wieder in deine Gegenwart zurück, in deinen Raum, in dem du dich auf Erden befindest. Öffne die Augen und spüre neue Energie in dir.

Bist du müde nach der Mediation, haben sich viele Blockaden gelöst. Leg dich hin und ruh dich aus.

Widmii – Sternenengel der Hingabe

Botschaft

Ihr Lieben,

ich bin Widmii, der Sternenengel der Hingabe. Ich bin von männlicher Energie und trage dunkelviolette, pinke und goldgelbe Strahlen in mir. Meine Aufgabe ist es, euch die göttliche Bedeutung der Hingabe näherzubringen. Ebenfalls möchte ich euch dabei helfen, den Unterschied zwischen Hingabe und Aufgabe zu erkennen.

Hingabe ist ein sehr kraftvolles Wort, denn es bedeutet, sein Ego hinter sich zu lassen und zum Wohl aller zu handeln und zu leben. Wir Sternenengel erwarten nicht von euch, dass ihr euch zu jeder Sekunde eures Lebens hingebt, doch bei Visionen, bei eurer Bestimmung oder einer derzeitigen Aufgabe, die ihr erfüllen müsst oder wollt, wäre es gut, dies in göttlicher Hingabe zu tun. Hingeben heißt, sich vollkommen hineinzugeben, ohne zu fragen, was für euch dabei herausspringt. Es geht ebenfalls darum, wie oben bereits beschrieben, die Hingabe an eure Bestimmung zu lernen. Ohne Wenn und Aber an das zu glauben, was eure Bestimmung ist, sich hinzugeben und alles dafür zu tun, dass diese real wird.

Ich möchte euch darauf hinweisen, dass die Grenze zwischen Hingabe und Aufgabe sehr leicht schwinden kann, wenn es um das Umsorgen und Kümmern eurer Mitmenschen geht. Ich spreche alle an, die sich für jemanden aufgegeben haben. Ihr löst somit euer wahres Sein peu à peu auf. Am Ende wisst ihr nicht mehr, wer ihr seid, und es bedarf einer langen Zeit, diesen Weg zu sich selbst wieder gehen zu können. Wie findet ihr aus dieser Energie des Aufgebens heraus? Indem ihr das Muster, also die Ursache für euer Handeln, dahinter erkennt und auflöst. Oft sind es Muster wie: „Nur wenn ich alles gebe, empfange ich Liebe" oder „Ich muss gebraucht werden, sonst bin ich nichts wert." Diese Muster sind oft eng mit einer Opferrolle oder einem Helfersyndrom verknüpft. Auch vollkommene Abhängigkeit bedeutet die Aufgabe eures wahren Seins. Findet die Ursachen dafür, warum ihr in diese Situation geraten seid. Holt euch Hilfe, um die alten Muster aufzulösen und von der Aufgabe in die Hingabe zu gehen. Oft bedeutet das eine radikale Veränderung in eurem Leben. Doch dient sie euch, euer wahres Sein wieder zu erkennen und zu leben. Ich stehe euch bei, diesen Weg des Wandels zu gehen, denn er führt euch zu eurer Seele, dem wahren Sein auf Erden. Es ist immer für euch gesorgt.

Hingabe heißt, mit reinem Herzen und ohne Erwartung an andere zu handeln, zu entscheiden, zu helfen und zu leben. Ich unterstütze euch, den Unterschied zwischen Hingabe und Aufgabe zu erkennen.

In göttlicher Hingabe,
Widmii

Gebet

Lieber Widmii,

ich bitte dich, mir dabei zu helfen zu erkennen, wo ich mich hingebe und wo ich mich aufgebe. Bitte stärke mich in meiner Entscheidung, den Weg der Hingabe zu gehen, wenn dieser Weg für mich bestimmt ist. Ich danke dir, dass du mich in meinem Selbstwert stärkst, damit ich den Weg zu meinem wahren Sein finde und auch gehe. Danke. Amen.

Zuordnungen auf Erden

Element:
Erde, Feuer, Luft und Wasser
Kristall:
Rhodochrosit, Anyolit und Rosenquarz
Farbstrahl:
Dunkelviolett, Pink und Goldgelb
Geruch:
Selbst gemachte Nudelsuppe und frisch gebackener Kuchen
Symbol:
Raute
Kraftort:
Felsen, die an einem Abgrund stehen, wie an einem Felsenriff oder in einem Bergtal
Krafttier:
Katze, Nilpferd und Marienkäfer
Musik:
Klangschalen aller Art
Pflanze:
Weihnachtsstern, Venusfliegenfalle, Sonnentau, Rose und Sonnenblume

Kristall-Sternenengel

Kristall-Sternenengel unterscheiden sich von ihrem Aussehen und ihrer Energie von den „normalen" Sternenengeln insofern, als sie in ihrem Licht heller und intensiver sind. Sie strahlen immer weißes Licht und ihre jeweiligen Strahlen aus. Ihre Essenz ist kristalliner, wie ein Selenit oder Bergkristall, und ich nehme sie präsenter in ihrer Erdung wahr, da sie mit den jeweiligen Kristallen auf Erden eine intensivere Verbindung haben als die nicht kristallinen Sternenengel.

Amethysia – Sternenengel der Wandlung und Transformation

Botschaft

Ihr lieben Menschen,

ich bin Amethysia, Sternenengel der Wandlung und Transformation. Ich helfe euch durch die schwere Zeit des Aufstiegs auf Erden. Alles steht im Zeichen des Wandels, alles. Nichts wird mehr so sein, wie es war, und das ist gut so, denn so kann alles endlich in die neue Ordnung gehen.

Großes wartet auf euch nach diesem Wandel. Neue Projekte und Lebensweisen in allen Bereichen eures Lebens stehen für euch bereit. Es wird großartig werden und nicht mehr so lange dauern, wie ihr vielleicht meint. Es wird schneller eintreten, als gedacht, denn ihr helft den Menschen, diesen Weg zu gehen, weil ihr euch für die Liebe und euren Herzensweg entschieden habt. Vieles habt ihr bereits in euch gewandelt, aufgelöst und geheilt, nun ist es Zeit, sich auf das Neue und Positive in eurem Leben zu konzentrieren. Hegt ihr negative Gedanken, werdet euch dieser bewusst, um eure Aufmerksamkeit sofort wieder auf eure Wünsche und positiven Vorstellungen vom Leben zu lenken. Alles wird wahr.

Löst eure Zweifel auf. Löst eure Ängste auf. Stärkt euren Selbstwert. Stärkt eure Achtung vor euch selbst. Werdet Licht in eurem Herzen und lebt die Liebe. Gerade in Zeiten des Wandels kommen viele alte Muster noch einmal hoch, um endgültig aufgelöst zu werden. Nun gilt es, die letzte Strecke dieser Phase durchzuhalten. Es lohnt sich.

In den kommenden Jahren wird der Wechsel vom Alten zum Neuen immer schneller vonstattengehen. Seelen gehen, viele neue kommen, und Altes wird sichtbar. Viele Menschen erhalten jetzt erst die Achtung und Dankbarkeit dafür, was sie in den letzten Jahren für die Heilung der Menschen, der Tiere und der Erde getan haben. Viele Menschen wurden verkannt oder nicht gesehen, doch jetzt werden sie sichtbar und dafür belohnt, was sie zum Wohl aller vollbracht haben.

Geht weiter den Weg euers Herzens und lasst euch nicht davon abhalten. Sind eure Gedanken im Zweifel oder ängstlich, traurig oder verzweifelt, lenkt eure Aufmerksamkeit sofort wieder auf eure Visionen, Wünsche und Vorstellungen vom Leben. Übt euch darin, nur ihr könnt euch aus der niedrigen Schwingung dunkler Gedanken ziehen. Die Entscheidung für das Beste in eurem Leben ist der erste Schritt, den ihr selbst in jeder Sekunde eures Lebens gehen könnt.

Entscheidet euch für Wohlstand, Fülle, Liebe, Freude, Glück und Gesundheit, dann werdet ihr sie auch erhalten. Denn IHR steuert euer Leben!

Transformation hat mit dem Wandel in euch zu tun. Heilung wird geschehen. Lasst sie zu! Immer wieder kommt etwas hoch, was gesehen und gelöst werden möchte, damit ihr noch näher an eurem wahren Sein leben und eurem Herzen folgen könnt.

Ich helfe euch dabei.
Amethysia

Gebet

Liebe Amethysia,
bitte stärke mich auf meinem Weg des Wandels. Geleite mich mit deinen Worten, mit deiner Energie und mit deinen Zeichen, damit ich Heilung erfahre. Ich bin bereit und bitte dich, mich auf meinem Weg zu geleiten, zum Wohl aller. Danke. Amen.

Zuordnungen auf Erden

Element:
Luft
Kristall:
Amethyst in jeder Form
Farbstrahl:
Lila, Violett, Silber und Weiß
Geruch:
Frisches Badewasser und Meeresbrise
Symbol:
Druse und Dorje (buddh./hinduist. Ritualinstrument)
Kraftort:
Strände und Meere, Berge, Fontänen, Wasserfälle und alle Orte, wo Transformation stattfindet
Krafttier:
Schmetterling

Musik:
Vogelgezwitscher und das Summen von Hummeln und Wespen
Pflanze:
Maiglöckchen, Flieder und Schmetterlingssträucher

Kristallina – Sternenengel der leuchtenden Kristalle

Botschaft

Liebe Seelen,
ich bin Kristallina, Sternenengel der leuchtenden Kristalle, und habe die Aufgabe, euch die Kraft der Kristalle näherzubringen. Kristalle bergen wichtige Informationen und transformierende Energien in sich. Sie unterstützen euch in eurer spirituellen Entwicklung, stärken euch, bringen euch an eure eigene Wahrheit, lindern körperliche und seelische Beschwerden und auch die Symptome des Lichtkörperprozesses, den ihr derzeit alle durchlebt.

Meine Strahlen sind von opalisierender Kraft, durchwirkt mit der weißen Energie der Leichtigkeit. Ich arbeite eng mit den Elementarwesen der Kristalle und den Elementen auf Erden zusammen. Seht, was nicht sichtbar ist. Fühlt, was nicht fühlbar ist. Lebt, was in euren Augen nicht möglich ist, zu leben, ihr euch aber von Herzen wünscht. Jetzt ist die Zeit gekommen, euren Impulsen zu folgen und alle eure Visionen und Wünsche in die Tat umzusetzen. Die Handlung und die Entscheidung dazu zählen, damit wir Sternenengel euch in eurer Aufgabe unterstützen können.

Kristalle bergen die Kristallenergie in sich, einige weniger, andere mehr. Es gibt verschiedene chemische Verbindungen der Kristalle, die sich auch in ihrer Energie widerspiegeln. Sie helfen bei verschiedenen Problemen oder Beschwerden. Kristalle stärken auch Gebiete, sie können sie klären und wieder in die göttliche Ordnung bringen. Setzt sie in eurem Garten, auf euren Balkonen, in eurem Haus oder in eurer Wohnung ein. Es ist wichtig, die wundervollen Kristalle im täglichen Leben einzusetzen, denn das wünschen sich auch die Kristalle.

Geht zu ihnen, lasst euch finden und tragt den Kristall, der für euch derzeit stimmig ist. Es gibt viele Orte, an denen Kristalle erscheinen: Kristallseen, Kristallhöhlen oder einfach nur die Steine am Berg, an einem Fluss oder an einem See. Alle sind auf ihre Art Kristalle. Wichtig ist bei ihrer Handhabung und Verwendung, dass ihr sie vor der Benutzung reinigt und wieder aufladet. Das geschieht am besten mit dem Onyx und dem Bergkristall. Auch wenn sie in steter Verwendung sind, ist es wichtig, sie regelmäßig zu reinigen.

Kristalle ziehen Energien an, wenn sie im Garten oder im Haus aufgestellt werden. Dafür sind sie da, dass sie euch helfen, euren Alltag leichter zu gestalten und zu leben. Seht die Kristalle als eigenständige Wesen und Energien, die euch bedingungslos unterstützen. Besondere Kraft tragen die Kristallschädel in sich. Wer die Möglichkeit hat, einen zu sehen oder sogar zu berühren, sollte es tun. Aber holt euch vorher die Erlaubnis seines Besitzers, er weiß, ob die Energie des Wesens des Kristallschädels derzeit die richtige für euch ist.

Es gibt verschiedene Formen von Kristallen. Lasst euch von eurem Herzen leiten, es weiß immer, welcher Kristall für euch wichtig ist. Vertraut.

Ich danke euch für euer Sein auf Erden.
Kristallina

Gebet

Liebe Kristallina,
bitte zeige mir den Weg zu meinem Kristall, der mich in meinem wahren Sein in dieser Phase meines Lebens stärkt und unterstützt. Danke. Amen.

Zuordnungen auf Erden

Element:
Kristall und Erde
Kristall:
Alle sichtbaren und noch nicht sichtbaren Kristalle auf energetischer Ebene, besonders der Opal, der Rutilquarz und Gold
Farbstrahl:
Opalisierendes Weiß
Geruch:
Weiße Lilie
Symbol:
Lilie und Lotusblüte
Kraftort:
Luftige Höhen
Krafttier:
Hase, afrikanischer Steppenhund und Tiger
Musik:
Klangsteine
Pflanze:
Huflattich, Berberitze, Rose, Tulpe und Lilie

Quirsina – Sternenengel des Rutil- und Rauchquarzes

Botschaft

Liebe Seelen auf Erden,

ich, Quirsina, bin der Sternenengel des Rutil- und Rauchquarzes und habe die göttliche Aufgabe, euch in eurer Wahrnehmung zu schulen, euch vor Fremdenergien zu schützen und euch aus der Trauer, dem Leid und der Depression zu geleiten. Die Kräfte und Energien meines Farbstrahls stärken euch in eurer Mitte, sodass ihr wieder die Nähe zu euch selbst spüren könnt. Es ist wichtig in der heutigen Zeit, dass ihr lernt, auf eure innere Stimme zu hören, denn sie geleitet euch durch das derzeitige Chaos auf Erden. Überall auf der Welt geschehen Dinge, die zwar wichtig sind für die Entwicklung und Heilung des Bewusstseins der Menschen, doch sollten diese Geschehnisse euch selbst nicht zu sehr in eurem wahren Sein und alltäglichen Leben beeinflussen.

Lernt zu fühlen, was für euch stimmig ist und was nicht. Lernt zu spüren, wann Gefahr droht und wann nicht. Gerade in diesen aufwühlenden Zeiten, die mit viel Gewalt, Aggressionen und Hass durchtränkt sind, solltet ihr wissen, dass euer Gefühl euch vor diesen Energien schützt. Es ist nicht euer Ego, das euch vor Gefahr warnt, sondern eure Intuition. Diese ist in den letzten Jahren und bereits im letzten Jahrhundert verschüttet worden. Nun gilt es, diesen Ur-Instinkt wieder zu stärken, damit ihr auf der sicheren Seite seid.

Ich geleite euch ebenfalls durch Trauer, Leid und Depression und gebe euch die Stärke, die ihr benötigt, um das Licht am Ende des Tunnels auf eurem Weg wieder sehen zu können. Ruft mich, wenn ihr euch in einer dunklen Lebensphase befindet.

Ich stärke euch in eurer Lebenslust, damit ihr die Freude wieder spürt, für die ihr am Anfang eures Lebens auf Erden gekommen seid.

Ruft mich, wenn ihr traurig, verzweifelt oder motivationslos seid. Ich lenke meine Strahlen auf euch, damit ihr die Kraft und die Wärme der Lebensfreude auf Erden wieder spüren könnt.

In Liebe und Freude,
Quirsina

Gebete

Liebe Quirsina,
bitte stütze mich in dieser schweren Zeit, damit ich das Licht in mir und um mich herum wieder wahrnehmen und spüren kann. Danke. Amen.

Liebe Quirsina,
bitte hilf mir zu lernen, mein Ego von meiner Intuition zu unterscheiden. Danke. Amen.

Zuordnungen auf Erden

Element:
Erde und Kristall
Kristall:
Rutilquarz und Rauchquarz
Farbstrahl:
Weiß mit Silber und Platin
Geruch:
Steinbruch und frisch gehacktes Holz

Symbol:
Raute und die Umrisse eines Segelbootes
Kraftort:
Steinbrüche, Wasserfälle und traditionelle Feuer
Krafttier:
Drache, Feldhamster und weiße Pferde
Musik:
Aufeinanderschlagende Hölzer und Steine
Pflanze:
Edelweiß und Märzenbecher

Selena – Sternenengel des Selenits

Botschaft

Liebe Seelen auf Erden,
ich bin Selena, der Sternenengel des Selenits, und habe die Aufgabe, diejenigen zu stärken, die zu sensibel und sensitiv für eure Erde sind. Viele von euch kennen ihre starke Wahrnehmung, und je mehr ihr den Weg eures Herzens geht, desto stärker nehmt ihr euer Umfeld wahr. Ich gebe euch den Schutz, den ihr benötigt, um unbeschadet durch die Welt zu gehen. Es ist ein sehr feiner, kaum wahrnehmbarer Schutz, und ihr könnt ihn annehmen oder nicht, die Entscheidung liegt bei euch.

Viele Kinder, die auf Erden gekommen sind, um den Menschen Licht und Liebe zu bringen, kennen keine Abgrenzung und keinen Schutz. Sie sind es gewohnt, Liebe zu geben, ohne Erwartung, ohne Vorbehalte, ohne Schutz, einfach bedingungslos. Sie wissen nicht, dass viele Menschen mit dieser hohen Energie nicht umgehen können und sich deswegen von ihnen zurückziehen oder auf Angriff gehen, um sich davor zu schützen.

Den Kindern der Liebe könnt ihr helfen, indem ihr ihnen einen Selenit mitgebt, der sie beschützt. Ruft mich jeden Tag, damit ich sie vor zu viel Energie und Wahrnehmung beschützen kann. Ich helfe euch, eure innere Mitte zu stärken, sodass ihr euch nicht mehr im Außen festhalten müsst. Eure innere Mitte ist die Stabilität, an der ihr euch orientieren könnt. Ihr braucht keine Zeichen und Hindernisse mehr im Außen. Übernehmt die Verantwortung für euch und stoppt eure Zweifel, die ihr ständig gegen euch hegt. Glaubt an euch und hört auf euer Herz. Glaubt an die Stärke eurer inneren Mitte.

Viele von euch tragen spirituelle Fähigkeiten in sich, die mit dem Selenit gestärkt werden. Nutzt diesen wundervollen Kristall, um euch den optimalen Schutz zu geben, den ihr bei der Ausübung eurer Fähigkeiten benötigt. Wenn ihr heilende oder andere spirituelle Fähigkeiten in euch spürt und darum wisst, dann geht endlich nach außen. Ich spreche von denjenigen unter euch, die sich noch nicht trauen, offen ihre Heilarbeit auszuüben. Die Welt braucht euch. Jetzt ist der Zeitpunkt gekommen, eure Vision und eure Fähigkeiten umzusetzen. Handelt nicht selbstlos, sondern um eurer Seele Willen. Dafür ist es ebenfalls wichtig, dass ihr einen entsprechenden Energieausgleich für eure heilerische Tätigkeit verlangt und empfangt. Ich helfe euch, Klarheit darüber zu erlangen, wie hoch dieser Energieausgleich aussehen soll.

Viele von euch sehen sich als Retter der Welt, und so ist es auch. Geht hinaus und lehrt die Liebe, aber immer in vollem Respekt und Achtung gegenüber den Menschen, und spürt und hört genau hin, ob sie bereit sind, eure Liebe zu empfangen und eure Lehre zu hören.

Ich stärke euch. Ich schütze euch. Ich unterstütze euch, damit ihr hinaustretet und euch im göttlichen Glanz eures wahren Seins zeigt.

Danke, dass ihr mir zugehört habt.
Selena

Gebet

Liebe Selena,
bitte hilft mir, meine eigene Mitte zu fühlen und mich mit ihr zu vereinen. Stärke mich darin.
Unterstütze mich dabei, meine Fähigkeiten jetzt umzusetzen. Bitte schicke mir Klarheit darüber und den Mut dafür, den ich brauche. Danke. Amen.

Schutzgebete für Kinder, für sich selbst und die Gemeinschaft/Familie

Liebe Selena,
bitte schütze mein Kind. Schütze seine Seele und sein Herz. Behüte mein Kind und gewähre ihm Schutz vor den Energien im Außen, die nicht wichtig sind für sein Weiterkommen auf Erden. Ich danke dir. Amen.

Liebe Selena,
bitte schütze mich. Schütze meine Seele und mein Herz. Behüte mich und gewähre mir Schutz vor den Energien im Außen, die nicht wichtig sind für mein Weiterkommen auf Erden. Ich danke dir. Amen.

Liebe Selena,
bitte schütze uns. Schütze unsere Seele und unser Herz. Behüte uns und gewähre uns Schutz vor den Energien im Außen, die nicht wichtig sind für unser Weiterkommen auf Erden. Wir danken dir. Amen.

Zuordnungen auf Erden

Element:
Luft
Kristall:
Selenit
Farbstrahl:
Weiß
Geruch:
Kalk und Nebel
Symbol:
Römische Säule, tragend oder alleine stehend
Kraftort:
Alte Tempelanlagen mit vielen Säulen, wie zum Beispiel die Akropolis in Athen
Krafttier:
Salamander, Schaf, Lamm, weißer Schmetterling und Robbe
Musik:
Xylophon und Klangkristallschale
Pflanze:
Linde, Buche und Eiche

☆☆☆

Servitzius – Sternenengel des weißen Strahls und des Schnees

Botschaft

Meine Lieben, ich bin Servitzius, der Sternenengel des weißen Strahls und des Schnees. Ich habe eine Botschaft für euch, die euch interessieren könnte. Mich begleiten immer zwei weiße Adler, deren Schwingen aus glitzernden Federn bestehen. Die Adler stehen für die Sicht von oben, für die tiefe Weisheit in euch, die ihr erfahren könnt, wenn ihr euch auf das Abenteuer der Neuen Zeit einlasst. Die Neue Zeit beginnt in jedem von euch auf unterschiedliche Weise. Der Zeitpunkt des Anfangs bestimmt ihr. Ich helfe euch, das Eis, das sich in manchen Bereichen in euch gebildet hat, zu erwärmen, sodass ihr erkennen könnt, was sich dahinter verbirgt.

Jeder Mensch, ist er scheinbar noch so kalt in seinem Herzen, trägt die Wärme seiner Seele in sich. Jeder besitzt eine Seelenblume, die erblüht, wenn das Eis, von dem sie bedeckt wird, schmilzt. Vieles habt ihr bereits auf Erden probiert, um den Weg zu eurem Herzen und zu eurer Seelenblume zu finden. Einiges hat funktioniert, anderes nicht. Es gibt viele Methoden und Techniken auf Erden, die euch dabei helfen sollen, euer Herz zu öffnen, doch nur wenige schaffen es. Es sind die einfachen Methoden, nicht die komplizierten, die euch voranbringen. Die einfachen Methoden, die euch bei eurer Transformation helfen, basieren auf der Liebe. Der Liebe zu euch, zu euren Familien, zu euren Mitmenschen, zur Natur, zu den Engeln, den Tieren und der Liebe zu Jesus Christus, den Meistern und anderen Lichtwesen.

Der Strahl der Liebe, der direkt von Gott zu euch fließt, ist die kraftvollste Energie, die es auf Erden gibt. Nehmt ihn auf und lasst euch damit füllen. Ihr könnt diesen wundervollen

Strahl auch lenken, zum Beispiel in die Natur, in die Erde oder zur Heilung eurer Kinder, Partner und vieles mehr. Traut euch. Öffnet euch für die Liebe Gottes, und die Liebe wird kommen, um euch zu helfen.

Schnee hat eine ganz besondere Energie, denn er trägt die Energien aller Farben in sich. Es ist die manifestierte Kristallenergie auf Erden, die alles in die Ruhe bringt, um sich zu erholen und zu stärken. Schaut beim nächsten Schnee genau hin, wie er in allen Farben und Kristallen glitzert. Es ist die höchste Form der sichtbaren Kristallenergie auf Erden. Schnee erschafft eine besondere Stille. Alle Geräusche werden gedämpft, nur das Kinderlachen wird lauter. Alle gesagten Worte, die aus reinem Herzen entstehen, werden von der Stille des Schnees in ihrer Schwingung erhöht. Die Ruhe, die ihr wahrnehmen könnt, lässt auch eure Gedanken ruhig werden. Der Winter ist die Zeit der Einkehr und der Erholung. Die Geräusche werden leiser und die Bewegungen im Schnee langsamer. So kann die Seele sich vom Jahr erholen. Nutzt die Kristallenergie des Schnees für euch selbst. Nehmt sie bewusst wahr und in euch auf. Ihr könnt euch mit ihr füllen lassen und so wieder neue Kraft tanken.

Ruft mich, wenn ihr auf Glatteis geratet und Hilfe benötigt. Ruft mich, wenn euch manchmal warm ums Herz wird, damit ich diesen wundervollen Moment mit euch feiern kann. Ruft mich, wenn es euch kalt wird ums Herz. Ruft mich, wenn ihr Trauer in eurem Herzen fühlt. Der Schnee, der im Winter auf dem Boden liegt, bringt alles wieder ins Lot, sodass im Frühling neue Freude und Kraft entstehen können.

Ich begleite euch durch das Weiß des Schnees, empfangt die Kristallenergie, denn sie ist für euch gedacht. Ich danke euch für alles. Gesegnet seid ihr im Licht der Kristallenergie.

Servitzius

Gebet

*Lieber Servitzius,
bitte gib mir den Mut, die Stille des Schnees zu empfangen. Ich bin stark in der Liebe. Ich bin kraftvoll in meiner Seele. Ich bin ruhig. Ich bin die Stille. Bitte stärke mein Herz, damit es warm wird und ich es öffnen kann. Bitte wärme mich, damit alle Blockaden in mir, die etwas verbergen, gelöst werden. Ich danke dir und ich danke mir. Amen.*

Zuordnung auf Erden

Element:
Wasser und Eis
Kristall:
Bergkristall, Rauchquarz, Opal und Selenit
Farbstrahl:
Weiß, Silber, Gold und Gelb
Geruch:
Der frische Duft des Schnees und von Zuckerbonbons
Symbol:
Pentagramm mit zwei weißen Eulen rechts und links
Kraftort:
Tundra, Spitzbergen und die bayerischen Alpen
Krafttier:
Adler, weißer Falke und weiße Eule
Musik:
Sphärenklänge und der Fall der Schneeflocken
Pflanze:
Hibiskus, Schneerose und Schneeglöckchen

Topassia – Sternenengel des Topas

Botschaft

Seid gesegnet,
ich bin Topassia, Sternenengel des Topas. Mein Strahl trägt die Farben Gold, Weiß, Silber und Blau. Ich suche eure Nähe, um euch bei den wechselnden Lebensphasen zu stärken. Wie wir sehen, durchlauft ihr Menschen verschiedene Abschnitte in eurem Leben, die euch sehr in Anspruch nehmen. Eure Neugier, eure Flexibilität, eure Freude, euer Vertrauen und eine stabile innere Mitte sind in diesen Phasen gefragt. Ich helfe euch, die jeweiligen neuen Lebensabschnitte anzunehmen und sie mit Frieden zu begrüßen, sodass ihr sanft durch die jeweiligen Veränderungen gehen könnt.

Schon zu Beginn eurer Inkarnation seid ihr auf euch gestellt. Alles müsst ihr wieder von Grund auf lernen, obwohl ihr alles Wissen bereits in euch tragt. Das ganze Leben verläuft in Phasen: Die Jahre als Kleinkind, Schule, Pubertät, Erwachsen-Sein, Mutter/Vater werden, sich im Berufsleben zeigen, Wechseljahre und danach die Weisheit des Lebens und der Tod. Vielleicht wird der eine oder andere Oma oder Opa. Vielleicht bleibt das Leben kinderlos, und die Karriere und/oder die Partnerschaft stehen im Vordergrund. Jeder von euch hat Phasen im Leben, denen er sich immer wieder neu anpassen muss.

Veränderung bedeutet Leben. Euer Körper verändert sich zu jeder Zeit, das Wetter verändert sich täglich, die Erde dreht sich sekündlich, alles verändert sich, und manchmal könnt ihr diese Veränderung mit euren eigenen Augen sehen. Veränderung bedeutet Leben, also freut euch auf jeden Wandel, der euch in eine neue Lebensphase führt.

Viele Veränderungen rufen bei euch Angst hervor, lange bevor die Veränderung begonnen hat. Das Wort Veränderung löst bei euch oft Unbehagen aus, weil ihr nicht wisst, was danach geschieht. Hört ihr auf euer Herz, dann wisst ihr, dass Veränderung für euch nur gut sein kann. Ich helfe euch bei allen Veränderungen, die in eurem Leben geschehen, und unterstütze euch in euren Phasen, seien es Phasen, die durch die Entwicklung eures Körpers hervorgerufen werden oder durch einen Wandel auf seelischer oder energetischer Ebene. Ich bin für euch da. Verbindet euch mit meinem Strahl und lasst euch damit füllen.

In Liebe,
Topassia

Gebete

Liebe Topassia,
bitte geleite mich durch meinen kommenden Wandel und sende mir die Stärke, die ich dafür benötige. Danke. Amen.

Liebe Topassia,
bitte stütze und stärke mich. Ich bitte um die Kraft und den Mut, die Veränderungen in den kommenden Wochen durchzustehen. Hilf mir, die neuen Gegebenheiten in Liebe anzunehmen, auch wenn sie nicht durch meine eigenen Entscheidungen entstanden sind. Danke für deine Liebe und Unterstützung. Amen.

Der Sternenengel Topassia hilft auch bei Trauer und Liebeskummer.

Zuordnungen auf Erden

Element:
Erde, Luft und Wasser
Kristall:
Goldener, weißer und blauer Topas
Farbstrahl:
Gold, Silber, Weiß und Blau
Geruch:
Blühend Rose
Symbol:
Kelch
Kraftort:
Friedhöfe, Kirchen, Kapellen, Standesämter, Hebammenpraxen, Geburtshäuser, Schulen, Wälder und Seen
Krafttier:
Hase, Spinne, Leopard, Phönix, Panther, Schlange, Taube und Schwalbe, Kröte und Hund
Musik:
Tönen, das Zirpen von Grillen und das Quaken der Frösche
Pflanze:
Edelweiß, Tulpe, Gladiole, Lilie, Apfelbaum, Kirschbaum, Aprikosenbaum, Rose, Veilchen und Margerite

Sternenengel der Tiere

Delfinia – Sternenengel der Delfine

Botschaft

Seid gegrüßt, Lichter der Göttlichkeit,
ich bin Delfinia, Sternenengel der wundervollen Delfine der Meere und Flüsse. Ich freue mich sehr über die Aufgabe, die mir zugeteilt wurde. Die Delfine liegen mir am Herzen, umso mehr fühle ich Freude in mir, euch ihre Einzigartigkeit auf Erden näherzubringen. Delfine strahlen eine der höchsten Energie auf Erden aus, die möglich ist. Sie leben die Energie der Neuen Zeit seit ihrer Entstehung, halten sich die Treue zu ihrem wahren Sein, passen sich den Gegebenheiten der jeweiligen Lage auf der Welt an und versuchen, ihren Beitrag für Heilung und Transformation beizusteuern. Oft werden sie missverstanden in ihrem Sein. Doch noch mehr werden sie von vielen Menschen nicht in ihrer Göttlichkeit und ihrem Sein als Tier geachtet. Das muss aufhören. Denn wenn sie verletzt oder sogar zerstört werden, verletzt und zerstört ihr euch selbst. Jedes Tier ist wichtig auf Erden, und jedes Tier hat seine Aufgabe, die es zu erfüllen gilt.

Die Wahrnehmungsfähigkeit der Delfine ist so weit entwickelt, dass nur ihr Erdenkörper sie auf Erden halten kann. Ihre hohe Energie veranlasst ihr schnelles Schwimmen, ihre Hellsichtigkeit und Hellhörigkeit und die reine Verbindung zu Gott. All das tragt auch ihr in euch. Öffnet euch für ihre wundervollen Energien. Die Zeit ist da, um das göttliche Potenzial zu leben. Geht in die Wahrnehmung, wenn ihr euch in einem Gespräch befindet. Geht in die Wahrnehmung, wenn ihr in der Natur seid. Geht in die Wahrnehmung, wenn ihr mit euren Kindern spielt.

Übt die Wahrnehmung in euch, denn sie hilft euch durch die derzeitige Situation auf Erden.

Delfine stehen auch für die Rettung in Not. So folgt ihnen auch auf diesem Weg. Ihr seid ebenfalls Retter in Not, nur habt ihr das vielleicht bis jetzt noch nicht so gesehen. Ihr rettet die Welt, indem ihr euch selbst rettet. Ich meine damit nicht ein Weglaufen, wenn es mal brenzlig wird, sondern ein Hingehen, um zu helfen. Werdet aktiv und rettet die Welt in eurem Umfeld und in eurem Leben.

Einige von euch wurden berufen, in die Öffentlichkeit, zum Beispiel in die Politik oder in große Organisationen zu gehen, um die Rettung der Welt auf diese Weise umsetzen zu können. Andere haben die Aufgabe, Rettung im Kleinen auszuüben, zum Beispiel in der Familie oder in der dörflichen Gemeinschaft.

Ihr könnt euch selbst retten, indem ihr den Weg eures Herzens geht, und ihr könnt die Rettung der Welt veranlassen, indem ihr in der Gemeinschaft helft und euer wahres Sein offen lebt. Das können Aufgaben in einem Ehrenamt sein, oder ihr helft zum Beispiel einem Nachbarn im Garten oder beim Einkaufen.

Es existiert ebenfalls die Aufgabe, die Rettung der Welt in eurer beruflichen Arbeit umzusetzen, egal, in welchen Bereichen ihr arbeitet. Ihr seid die Rettung für euch, für die Menschen und für die Welt.

Delfine, Hunde und einige andere Tiere leben noch vollkommen den Instinkt des Retters in der Not. Nehmt euch ein Beispiel an ihrer Selbstlosigkeit und ihrer Wahrnehmung, eine Notsituation zu erkennen und zu helfen.

Rettet euch vor euren eigenen Illusionen, alten Denkmustern und Lebensweisen, so tragt ihr ebenfalls zur Heilung der Welt bei. Seid ihr frei davon, fällt es euch leichter, die Welt zu retten – im Großen, wie im Kleinen. Geht hinaus und lasst euer Licht erstrahlen. Lasst die Liebe und den Frieden in die Welt hinausfließen. Folgt eurem Weg der Rettung.

In großer Dankbarkeit und Liebe,
Delfinia

Gebet

Liebe Delfinia,
bitte lass mich klar erkennen, wo ich mich selbst retten kann. Sende mir Zeichen, wo ich mich als Retter in die Gemeinschaft einbringen kann. Unterstütze mich, den Weg des Herzens zu gehen, damit ich Frieden, Liebe und Licht auch in meiner eigenen Welt sichern kann. Ich bitte auch um die Delfinenergie, dass sie mich durch mein Erkennen und Sein trägt. Danke für deine Hilfe. Amen.

Zuordnungen auf Erden

Element:
Wasser und göttliches Licht
Kristall:
Opal, lebende Koralle, Larimar und Schneeflockenobsidian
Farbstrahl:
Türkis mit silbernen Glitzerfunken und Apricot-Gold.
Geruch:
Klares, fließendes Wasser
Symbol:
Delfin und Koralle

Kraftort:
Wasserfälle, Meere und Flüsse
Krafttier:
Delfin, Wal, Seepferdchen, Koralle und Libelle
Musik:
Meditationsmusik mit Wasserklängen
Pflanze:
Pampasgras, Weidenbaum und Trauerweide

Fantasia – Sternenengel der Einhörner und Pegasi

Botschaft

Seid gegrüßt, liebe Erdenmenschen,
ich bin Fantasia, Sternenengel der Einhörner und Pegasi, und ich geleite euch in die himmlischen Reiche Gottes. Mein Seelenstrahl leuchtet in den opalisierenden Pastelltönen des Regenbogens. Ich arbeite mit den Einhörnern und Pegasi zusammen und helfe ihnen, intensiven Kontakt zu euch Menschen aufzubauen. Es ist Zeit, dass ihr auf Erden die Einhörner und Pegasi als eigenständige Lichtwesen anerkennt, die ihr rufen und um Hilfe bitten könnt. Sie arbeiten bereits auf ihrer Ebene für die Erde, damit das Licht auf eurem Planeten immer stärker wird und sich mehr und mehr ausbreiten kann. Doch nur wenn ihr euer eigenes Licht stärkt und es aus euch strahlen lasst, kann die Erde in vollkommenes Licht tauchen.

Jeder von euch hat ein persönliches Einhorn und einen persönlichen Pegasus. Sie begleiten euch immer. Doch ist es Voraussetzung, dass ihr euch Zeit für sie nehmt, um mit ihnen bewussten Kontakt aufzunehmen. Sie warten auf euch und eure Kontaktaufnahme und sind bereit, euch von ihrer Warte aus zu helfen. Viele Wünsche, die ihr in eurer Seele tragt, könnten dadurch erfüllt werden. Bei der Wunscherfüllung spielen alle Ebenen eine Rolle, die sich auf dem Weg zu Gott befinden, so auch die Einhorn- und Pegasus-Ebene. Diese wundervolle Ebene ist gefüllt mit Liebe, Licht, Freude und, vor allem, Leichtigkeit. Es gibt verschiedene Farbstrahlen, denen die Lichtwesen zugeordnet sind. Die bekanntesten Farben sind die des Regenbogens, aber es gibt noch so viele andere Farben, die euch jetzt noch nicht geläufig sind, weil sich eure Zirbeldrüse noch in die neue Schwingung wandeln muss. Ist das geschehen, könnt ihr Farben sehen, die euch noch nicht bekannt waren. Ein wahres Fest an Farben und Energien erwartet euch.

Ladet euer Einhorn ein, um mit euch den Weg auf Erden zu gehen. Ladet euren Pegasus ein, damit ihr behütet seid. Die Einhörner sind euch derzeit noch etwas näher als die Pegasi, das kommt daher, dass die Pegasi in ihrer Energie noch durchscheinender und durchsichtiger sind als die Einhörner. Mit den Einhörnern habt ihr euch vielleicht schon intensiv befasst, aber die Pegasi kommen erst jetzt in eure Nähe, damit ihr sie kennenlernen könnt. Öffnet euch für diese wundervollen Lichtwesen und lasst euch überraschen, wie sie euch stärken, unterstützen, helfen und begleiten werden.

Gebt euch ihnen im Vertrauen hin. Wir alle wollen euch auf eurem Herzensweg und in eurer Wandlung auf Erden helfen. Habt den Mut, euch auf das einzulassen, was ihr nicht sehen, aber fühlen könnt. Nehmt unsere Hilfe in Liebe und Freude an. Danke.

Fantasia

Gebet

Liebe Fantasia,
bitte unterstütze mich darin, einen intensiven Kontakt zu meinem persönlichen Einhorn/persönlichen Pegasus aufzunehmen und mit ihm in Verbindung zu gehen. Zeige mir, wie ich das am besten tun kann. Ich bin bereit, mich diesen wundervollen Energien in vollkommenem Vertrauen hinzugeben. Danke für deine Hilfe. Amen.

Zuordnungen auf Erden

Element:
Luft und göttliche Liebe
Kristall:
Weißer Topas, Milchopal, Saphir, Rosenquarz und Bergkristall
Farbstrahl:
Opalisierender und pastellfarbener Regenbogen
Geruch:
Rosenduft in allen Variationen und der Duft von frischen Zitronen am Baum
Symbol:
Einhorn und Pegasus
Kraftort:
Klare Seen und Wasserlöcher, luftige Höhen und Wolkenformationen bei Sonnenschein
Krafttier:
Einhorn, Pegasus, Pferd und Fohlen, Wildpferd, Glühwürmchen und Marienkäfer
Musik:
Harfe, Waldhörner und Sphärenklänge
Pflanze:
Linde, Orchidee, Seerose und Zimmerpflanzen

Meditation „Kontakt zu meinem Einhorn/Pegasus"

Geh in die Stille und atme bewusst in dein Herzchakra ein und aus. Tue das mehrmals, bis du eine innere Ruhe in dir verspürst. Stell dir dann vor, wie du das göttliche Licht über dein Kronenchakra einatmest und dein Herzchakra beim Ausatmen damit füllst. Rufe nun Sternenengel Fantasia und bitte sie, dich mit deinem persönlichen Einhorn/Pegasus zusammenzuführen. Bleib in der Gegenwart und schalte deine Gedanken aus, lass sie vorüberziehen, damit du in dir einen neuen Raum für die Kontaktaufnahme schaffst. Stell dir vor, wie du dein Herz öffnest und dein rosafarbener Strahl der Liebe aus dir erstrahlt. Bitte nun darum, dein Einhorn/Pegasus sehen und wahrnehmen zu dürfen. Verweile im Jetzt, bis es sich zeigt.

Vielleicht siehst du es zuerst nicht, kannst es aber vor dir spüren. Lass es geschehen, wie es kommt. Was spürst du? Was kannst du erkennen? Welche Farben hat dein Einhorn/Pegasus? Ist es groß oder klein, vielleicht ist es sogar ein Fohlen? Wie schaut dein Einhorn/Pegasus aus?

Geh in die Stille und lass dein Einhorn/deinen Pegasus zu dir kommen. Schreitet es/er zu dir, dann kannst du es berühren. Wie fühlt es/er sich an? Du kannst auch nach seinem Namen fragen. Vielleicht darfst du sogar auf ihm reiten? Lass dich ein auf diesen besonderen und seelennahen Kontakt. Alles darf geschehen, wofür du bereit bist. Genieße diese wundervolle Verbindung zu deinem Einhorn/Pegasus so lange, wie du möchtest. Verabschiede dich dann von ihm und komme langsam wieder in deine reale Gegenwart auf Erden zurück.

Wenn sich dein Einhorn/Pegasus noch nicht zeigt, dann versuche immer wieder, den Kontakt zu ihm herzustellen. Übe, in deinem Herzen zu sein und zu leben, das ist die Voraussetzung dafür, dass die Einhörner und Pegasi zu dir kommen und sich dir zeigen.

Felta – Sternenengel der Felsentiere und der Berge

Botschaft

Seid gegrüßt, ihr lichten Seelen,
ich bin Felta, Sternenengel der Felsentiere und der Berge. Meine Aufgabe ist es, euch an euer altes Wissen, euren Mut, eure Flexibilität und euer Durchhaltevermögen zu erinnern. Ich bin den Farben Bronze, Orange, Gelb, Hellblau und Weiß zugeordnet. Zudem kümmere ich mich um die Tiere, die in den Bergen wohnen. Diese Tiere sind mit einer besonderen Gabe geboren, sie können sich allen Witterungen und Begebenheiten der Natur anpassen. Für sie sind Regen, Sturm, Sonne und Schnee normal, denn sie bedeuten das Leben, das sie derzeit bekleiden. Gämsen halten immer nach dem Göttlichen Ausschau, so erkennen sie rechtzeitig den Weg, den es zu gehen gilt. Sie vertrauen und halten durch. Leider haben viele Menschen auf Erden das Vertrauen in Gott verloren, weil sie nicht mehr jemand anderem die Macht über ihr Leben geben möchten. Aber das Vertrauen in Gott ist sogleich das Vertrauen in euer wahres Sein, in euer Herz, eure Seelenkraft und eure Seelenliebe. Uns ist es wichtig, dass ihr wieder glaubt.

In der heutigen Zeit ist es aus der Mode gekommen, einer Religion anzugehören, nicht weil die Menschen vielleicht den Glauben an Gott verloren haben, sondern weil sie der Institution, der die Religion angehört, nicht mehr vertrauen können. Dadurch geht aber oft unmerklich die Gewohnheit verloren, Gott/Buddha/Allah in euer Leben miteinzubeziehen. Die verschiedenen Religionsgemeinschaften stellen Gemeinschaften dar, die euch Schutz und Hilfe bieten. Ihr werdet von der Gemeinschaft getragen.

Uns ist es wichtig, dass ihr zu eurem Glauben steht, egal, ob das in einer Religionsgemeinschaft ist oder nicht. Die Religionsgemeinschaft hilft vielen, sich nicht allein, sondern verbunden zu fühlen mit anderen, die den gleichen Glauben in sich tragen. Verurteilt also nicht diejenigen, die sich für eine Religionsgemeinschaft entschieden haben. Uns ist es wichtig, dass die Menschen überhaupt wieder anfangen zu glauben, und zwar aus ihrem Herzen heraus, nicht aus Angst, aus dem Ego oder durch manipulative Beeinflussung von außen. Die Verbindung zu Gott, oder wie ihr das Große Ganze auch nennen mögt, ist Leben, ist euer Leben, es ist lebenswichtig!

Gott ist Leben!

Ich erkläre es noch einmal anschaulicher. Viele trennen sich von der Verbindung zu Gott, weil sie vielleicht keinen Sinn mehr darin sehen oder den Glauben darin verloren haben. Eure Seele ist die göttliche Essenz von allem. Schneidet ihr euch von der Verbindung zu Gott ab, wird der Kreis der fließenden Energie Gottes in euch durchtrennt. Der Kreis der fließenden Energie Gottes besteht aus der Verbindung von Gott zu eurem Herzen, vom Herzen zu eurer Seele und von eurer Seele zu Gott.

Wird der Glauben weniger, nicht mehr gelebt oder sogar verschmäht, wird der heilige Kreis der fließenden Energie Gottes unterbrochen. Es fließt zwar noch Energie von eurer Seele zu euch und eurem Herzen, aber nicht mehr zu Gott und andersherum. Die Schale, euer Herz, die die Energie Gottes empfängt, wird somit für diese eine Richtung geschlossen. Ihr könnt euch selbst ausmalen, was es für denjenigen bedeutet. Geht in euch und spürt einmal nach, ob bei euch dieser Kreislauf noch am Fließen ist. Empfangt ihr die göttliche Liebe in eurem Herzen? Leitet euer Herz die Liebe an eure Seele weiter in Verbindung zu Gott? Die Energie kann auch in die andere Richtung fließen: Die Liebe fließt in die Seele, die Seele sendet die Liebe ins Herz, und das Herz schickt die Liebe wieder zu Gott. Es ist ein unabhängiger Kreis, der im Fluss sein sollte, damit ihr in göttlicher Leichtigkeit und Liebe euren Weg auf Erden gehen könnt.

Felsentiere, also alle Tiere des Berges, lassen die Energie in diesem heiligen Kreis Gottes frei fließen. So halten sie ihr Gottvertrauen in göttlicher Liebe zu Allem-was-ist und noch kommen wird aufrecht. Nehmt euch ein Beispiel an ihnen, sie verzagen nie. Die Berge strahlen eine besondere Energie der Kraft und Erdung aus. Mit ihnen verbindet euch, wenn ihr euch schwach, nicht geerdet oder hoffnungslos fühlt. Sie geben euch die Energie, damit ihr wieder in voller Kraft aufstehen könnt. Die Berge halten das Wissen der Erde so lange in sich zurück, bis der richtige Zeitpunkt gekommen ist, um es frei fließen zu lassen. Für jeden Menschen, der in die Berge geht, wird ein Quäntchen Wissen bereitgestellt, das von ihm abgeholt werden kann. Dabei bleibt es jedem selbst überlassen, ob er diesen Schatz annimmt oder nicht.

Geht bewusst in die Berge und öffnet euch für ihr Bewusstsein und ihr Wissen, das sie seit Anbeginn der Erde in sich tragen.

Ich helfe euch auch bei eurer Erdung, wenn ihr mal wieder im Schwebezustand seid. In den Bergen könnt ihr euch so gut erden, dass diese Erdung für lange Zeit vorhält. Also geht in die Berge und erdet euch. Befindet ihr euch auf einem Gipfel und könnt das Panorama der Berge genießen, werdet ihr zu der Erdung noch grenzenlose Weite in eurem Herzen und eurer Seele spüren. Ein faszinierendes Gefühl. Lasst euch darauf ein. Ich begleite euch.

Felta

Gebet

Lieber Felta,

begleite mich auf meinen Wegen, damit ich die richtigen gehe, die für mich bestimmt und vorgesehen sind. Stärke mich in meinem Glauben an Gott, in meinem Glauben an meine Seele und in meinem Glauben an mein Herz, damit ich im heiligen Kreis der Liebe Gottes lebe. Ich bin bereit, die Liebe Gottes zu empfangen. Danke für deine Hilfe. Amen.

Zuordnungen auf Erden

Element:
Erde und göttliche Liebe
Kristall:
Bergkristall, Rosenquarz und Schieferstein
Farbstrahl:
Bronze, Gelb, Hellblau, Orange und Weiß
Geruch:
Frische Bergluft und Luft nach einem Gewitter in den Bergen
Symbol:
Gämse und Bergpanorama
Kraftort:
Berge, Gipfel, Flussbäche, Schluchten, Täler und Höhlen
Krafttier:
Alle Felsentiere, besonders Gämsen und Steinböcke
Musik:
Gemütliche Hüttenmusik
Pflanze:
Edelweiß, Kiefer, Enzian und alle Bergblumen

Meditation „Heiliger Kreis der Liebe Gottes"

Geh in die Stille und atme bewusst in dein Herzchakra ein und aus. Tue das mehrmals, bis du eine innere Ruhe in dir verspürst. Stell dir dann vor, wie du das göttliche Licht über dein Kronenchakra einatmest und dein Herzchakra beim Ausatmen damit füllst.

Rufe nun Sternenengel Felta und bitte ihn, deinen heiligen Kreis der Liebe wieder ins Fließen zu bringen, wenn dieser ins Stocken geraten ist. Öffne dein Herz für die Liebe Gottes und bitte darum. Spüre, wie die Liebe über dein Kronenchakra in dein Herz fließt, es mit Liebe füllt, weiter zu deiner Seele strömt und diese ebenfalls mit Liebe anreichert.

Die Seele ist gleichzeitig die Verbindung zu Gott. Du kannst also die Liebe Gottes in deiner Seele ausbreiten und dort sein lassen. Deine Seele ist automatisch mit Gott verbunden, du musst dir also nicht die Verbindung zu Gott vorstellen, es geschieht automatisch. Wichtig ist nur, dass du an Gott/die göttliche Quelle, Buddha, oder wie immer du Gott nennen möchtest, glaubst. So wirst du immer von Gottes Liebe genährt.

Festa – Sternenengel der Tiere der Lüfte

Botschaft

Liebe Seelen auf Erden,

seid gegrüßt, ich bin Festa, der Sternenengel der Tiere der Lüfte. Ich bin dem Element Luft und der göttlichen Kraft zugeordnet. Wenn ihr euch mit mir verbindet, bringe ich euch die Freiheit. Falken, Adler, Geier, Möwen, Meisen und Amseln, sogar Bienen und Hummeln betreue ich auf Erden. Ich bin für alle Tiere zuständig, die sich länger als eine Minute in der Luft halten können. Warum genau eine Minute? Der Grund dafür steht im göttlichen Buch geschrieben. Wer eine Minute lang aus eigenen Kräften fliegen oder sich in der Luft halten kann, ist ein Tier der Lüfte.

Die Tiere der Lüfte tragen die Botschaft der Freiheit in sich, weil sie selbst entscheiden können, in welche Richtung ihr Herz sie lenkt. Das ist eine besondere Gabe in euren Zeiten geworden, die von euch nur noch wenig gelebt wird. Verbindet euch mit den Tieren der Lüfte und öffnet euch für die Leichtigkeit, die ihre Freiheit in sich trägt. Die Leichtigkeit, verbunden mit der Freiheit, ist gerade in eurer Zeit eine besondere Kombination, denn vielen fällt es schwer, sich leicht in der Freiheit zu bewegen. Freiheit bedeutet, die Verantwortung für sich selbst zu übernehmen, für sich selbst zu entscheiden, seinem Herzen zu folgen, darauf zu vertrauen, dass immer das kommt, was wichtig ist, zuversichtlich in die Zukunft zu schauen und zu wissen, dass immer für euch gesorgt wird. Ihr seht, es ist nicht ganz einfach, die Freiheit auf Erden zu leben.

Viele können nicht frei leben, weil sie sich noch in alten Verhältnissen, Situationen oder Beziehungen befinden. Aber gerade dann ist es wichtig, darüber nachzudenken, was Freiheit für euch bedeutet und, vor allem, was ihr macht, wenn ihr wirklich frei werdet.

Alte Strukturen und Regeln sind zur Gewohnheit geworden und lassen euch oft nicht frei sein, obwohl sie euch eine gewisse Sicherheit vermitteln. Wer frei ist, ist unabhängig. Wer frei ist, hat einen freien Willen, der oft nicht gerne gesehen wird. Wer frei ist, hat kein Geländer, wo er sich festhalten kann. Wer frei ist, hat kein Netz, keine Struktur, woran er sich orientieren kann. Die einzigen Wegweiser sind die Seele und das Herz, die mit Gott verbunden sind. Es ist eine Herausforderung und eine große Aufgabe, sich auf die eigene Seele und das Herz einzulassen und sich auf ihre Impulse zu verlassen.

Viele beklagen sich, im Hamsterrad des Alltags und der Gewohnheit festzustecken, aber nur ihr selbst könnt euch davon befreien, indem ihr den Mut aufbringt, alle Strukturen zu lösen, die nicht eins sind mit eurem Herzen. Es gibt nicht nur alte Strukturen im beruflichen und privaten, sondern auch im geistigen und spirituellen Bereich. Viele wurden mit alten Religionen erzogen, die bestimmte Sichtweisen gelehrt haben. Ich möchte nicht, dass ihr euch von diesen Religionen lossagt, sondern einen eigenen freien Weg in eurer Religion findet, wenn ihr euch in dieser Gemeinschaft wohlfühlt. Ihr könnt überall frei sein, wenn ihr es in euch seid. Fühlt ihr euch unwohl, dann verlasst diese Religion und geht den Weg eures eigenen Glaubens.

Freiheit hat eine ähnliche Energie wie Frieden. Frieden gibt euch ebenfalls die Freiheit, der/die zu sein, der/die ihr wirklich seid. Frieden und Freiheit geben euch innere Ruhe, und ihr müsst euch nicht mehr über euch selbst oder andere aufregen. Frieden und Freiheit lassen euch euer Leben und eure momentane Situation in Liebe annehmen. Frieden und Freiheit tolerieren und wahren die eigenen und die Grenzen eurer Mitmenschen. Frieden und Freiheit lassen eurer göttlichen Kreativität freien Lauf. Frieden und Freiheit sind das höchste Gut eurer Menschheit, gefüllt mit Liebe sind sie unermesslich und das schönste Gefühl auf Erden. Ihnen entspringt die göttliche Freude, die Achtung vor allem und das Mitgefühl.

Ich begleite euch auf dem Weg in die innere und äußere Freiheit.

Festa

Gebet

Liebe Festa,

bitte löse meine Strukturen und Blockaden in Licht auf, die mich von meiner inneren und äußeren Freiheit trennen. Ich vertraue dir, dass du nur das löst, was gelöst werden darf und was ich gut vertragen kann. Ich bin bereit, den Weg der Freiheit Schritt für Schritt zu gehen, dauert er auch länger, als ich vielleicht glaube. Ich bin bereit. Danke, dass du bei mir bist. Amen.

Zuordnungen auf Erden

Element:
Luft und göttliche Kraft
Kristall:
Tigerauge, Opalit und Beryll
Farbstrahl:
Himmelblau und durchsichtig
Geruch:
Frische Luft und eine frische Brise auf einem fahrenden Schiff, Boot oder Segelboot

Symbol:
Drache, Adler und Falke
Kraftort:
Baumkronen, Wälder, Laubbaum, Berggipfel und fahrende Boote
Krafttier:
Alle Tiere der Lüfte, besonders Falken, Hummeln, Adler und Fliegen
Musik:
Querflöte und Panflöte und die Musik von einer Meeresschnecke, wenn ihr sie ans Ohr haltet
Pflanze:
Laubbaum, Nadelbaum, Vogelmiere und alle Pflanzen im Wald

Meditation „Freiheit spüren oder in die Freiheit gehen", ... es liegt an euch

Geh in die Stille und atme bewusst in dein Herzchakra ein und aus. Tue das mehrmals, bis du eine innere Ruhe in dir verspürst. Verbinde dich mit Gott, mit deinem Herzen und mit Mutter Erde. Stell dir dann vor, wie du das göttliche Licht über dein Kronenchakra einatmest und dein Herzchakra beim Ausatmen damit füllst. Rufe Festa, damit sie dich in deiner Meditation begleitet, wenn du das möchtest. Dann bitte darum, die alten Strukturen und Muster vor dir zu sehen, die deine derzeitige Situation widerspiegeln. Das kann eine Art Gitter sein, ein Irrgarten oder fest vorgezeichnete Wege, also alles, was dich davon abhält, frei zu sein.

Siehst du ein Bild vor dir, bitte Festa, diese Blockaden zu lösen, damit du frei sein kannst. Siehst du kein Bild vor dir, stell dir eins vor, das die festen Strukturen von dir symbolisiert, und fühle die Enge, in der du dich dort befindest. Vielleicht sendet dir Festa ein Krafttier der Lüfte, das dich ebenfalls bei der Wandlung in die Freiheit unterstützt. Festa wird nun alles lösen, was dich nicht frei sein lässt. Sei dir bewusst, was das für dich bedeuten kann. Du kannst aber auch darum bitten, dass sie es nur für einen Moment auflöst, damit du die Freiheit spüren kannst, um dann wieder in das Gewohnte zurückzugehen. Es liegt ganz bei dir. Bist du heute bereit, vollkommen in die Freiheit zu gehen, dann erkläre die Absicht dazu. Bedanke dich bei deiner alten Struktur für ihre Aufgabe, die sie so wunderbar erfüllt hat, und gib sie dann für das Licht frei.

Spüre nun, wie nach und nach alle Strukturen und Muster in deinem Bild und in dir aufgelöst werden. Der Energiestrahl von Sternenengel Festa hilft dir dabei. Vielleicht möchtest du auch selbst die Geländer oder das Gitter ins Licht werfen. Konzentriere dich nach und nach auf dein Herz, denn es wird dein zukünftiger Wegweiser in deinem Leben sein. Dein Herz ist dein Weg, dein Herz ist die Liebe, deine Liebe ist Gott, und er weiß den Weg, der für dich richtig ist. Genieße die Freiheit, die du langsam sehen und spüren kannst. Verweile in dieser wundervollen Energie und spüre die Leichtigkeit und die Befreiung in dir und um dich herum. Genieße diesen Augenblick deiner neu gewonnenen Freiheit.

Beginne dann vorwärtszugehen, so lange, bis du einen goldenen Weg vor dir siehst. Stell dich auf ihn und werde eins mit deinem Weg der Freiheit. Wenn du einen Impuls in dir spürst, geh los. Es reichen einige Schritte als Symbol dafür, dass du nun deinen Herzensweg in göttlicher Freiheit gehst.

Komm nach einiger Zeit wieder in das Jetzt deiner Gegenwart auf Erdenebene zurück. Atme tief durch und strecke dich.

Bewahre dir das Gefühl deiner neuen Freiheit. Hole dir dieses wundervolle Gefühl immer wieder in Erinnerung, wenn du fühlst, dass du es verloren hast oder es einfach nur spüren möchtest.

Diejenigen von euch, die sich noch nicht trauen, in die absolute Freiheit zu gehen, können am Ende dieser Meditation wieder um die alten Strukturen bitten. Sie werden euch wieder gegeben, ihr solltet nur vor der Übung klar ausdrücken, dass ihr nur einmal die Freiheit spüren wollt, um zu sehen, wie es sich anfühlt, frei zu sein.

Ihr könnt diese Meditation durchführen, auch wenn ihr schon lange auf eurem Weg seid, denn es zeigen sich immer wieder von Neuem Strukturen, die erst jetzt gelöst werden wollen.

Lisia – Sternenengel der Esel

Botschaft

Seid gegrüßt, ihr Engel auf Erden,
ich bin Lisia, der Sternenengel der Esel. Mir wurde diese Aufgabe zugeteilt, weil ich damals Jesus Christus den Esel für seinen Einzug in Jerusalem geliehen habe. Es war ein Esel aus meiner Herde, die ich nur für diesen Augenblick hielt. Für eine kurze Zeit war ich auf Erden, um diese Aufgabe zu erfüllen. Nun ist es an mir, mich darum zu kümmern, euch die Achtung vor den Eseln wieder bewusst werden zu lassen.

Esel werden oft verkannt, denn sie gelten als stur und störrisch. Doch ich kann euch sagen, dass Esel sehr viel Mut in sich tragen, denn sie flüchten nicht, wenn es mal gefährlich wird, sondern harren der Dinge, bis sich die Energien harmonisiert haben. Nehmen sie etwas Unbekanntes vor sich wahr, bleiben sie so lange stehen, bis sie erkennen, dass es nicht gefährlich für sie ist. Gibt man ihnen die Zeit, werden sie weitergehen, wenn es sich in ihrer Seele richtig anfühlt. Ist es nach ihrem Ersinnen gefährlich, kehren sie um. Doch eins tun sie nicht: Sie reagieren nicht hektisch oder übereilt, sondern warten ab, bis sie einen Impuls in sich verspüren, wie der nächste Schritt aussehen mag.

Von den Eseln könnt ihr einiges lernen, denn oft reagiert ihr hektisch, ja, fast panisch in Situationen, die diese Energien gar nicht ausstrahlen. Es sind Erfahrungen, die durch ähnliche vorhergehende Situationen in jedem einzelnen Menschen abgespeichert wurden. Diese Informationen und Energien fließen täglich in das Massenbewusstsein und sind jederzeit abrufbar, wenn eine ähnliche Situation eintritt, die Angst beinhalten könnte. Die Angst im Massenbewusstsein geht gerne in Resonanz mit euch, denn so wird sie immer wieder von Neuem genährt. Vielleicht hat der eine oder andere in einer angstvollen Situation kein Happy End erlebt, aber das heißt noch lange nicht, dass es euch ebenfalls so ergehen muss. Das beste Beispiel ist die Krankheit Krebs. Erhält jemand diese Diagnose, verbindet er sie gleich mit dem Tod. Aber so muss es nicht sein. Doch das Massenbewusstsein ist dermaßen mit der Angst vorm Sterben durch Krebs gefüllt, dass es sofort mit euch in Resonanz geht. Dasselbe kann auch in anderen Situationen geschehen, zum Beispiel bei einem Jobverlust, wenn euer Partner euch untreu war, bei einer Scheidung oder steigenden Schulden, die nicht mehr zu tilgen sind. Es gibt noch viele weitere Situationen, die Angst und Panik in euch hervorrufen und alle in Resonanz mit dem Massenbewusstsein gehen.

Befindet ihr euch in einer Situation, die Panik und Angst in euch auslöst, dann geht sofort in die Stille und atmet in euer Herz ein und aus. Lenkt eure Aufmerksamkeit auf euren Atem und verbindet euch mit eurem Herzen. Kommt in euer Jetzt. Geht dann in die Beobachterrolle und distanziert euch von euren Angstgefühlen. Zieht euch aus der Angst heraus. Ihr seid eins mit euch, aber nicht mit eurer Angst. Ihr lasst sie einfach nur sein und beobachtet sie. Begebt euch aus ihrer Energie heraus und schaut aus eurem Herzen zu. Lasst die Angst kommen und wieder gehen. Die Angst wird weniger werden. Werdet ruhig und handelt erst dann. Vielleicht wird es euch nicht sofort gelingen, aber ihr wisst darum, wie ihr die Panik und die Angst schwächen könnt. Übt es. Geht immer wieder in die Beobachterrolle, verweilt im Jetzt und verbindet euch mit eurem Herzen. Auch bei unangenehmen Gefühlen oder kleineren Ängsten könnt ihr diese Übung anwenden. So könnt ihr euch immer eurer momentanen Situation gewahr werden.

Noch eins könnt ihr von den Eseln lernen: den Instinkt vor der Gefahr. Gerade in dieser Zeit auf Erden ist es wichtig, dass ihr wieder lernt, auf eure Intuition zu hören, die euch vor Gefahr warnt. Ein Beispiel: Ihr seid zu einem Geburtstag bei guten Freunden eingeladen. Dafür müsstet ihr mit dem Auto ein paar Kilometer fahren. Es befällt euch ein komisches Gefühl, so, als würde auf dieser Fahrt etwas passieren. Das kann sich mit einem Druck im Solarplexus oder einfach nur einem unguten Gefühl im Bauch bemerkbar machen, das ihr vielleicht gar nicht einordnen könnt. Fühlt ihr so eine Energie, dann sagt die Einladung ab, auch wenn euch wahrscheinlich für diese Absage kein Verständnis entgegengebracht wird. Folgt eurer Intuition. Wenn ihr wollt, könnt ihr eine halbe oder eine ganze Stunde warten und erneut in euch hineinspüren, ob das Gefühl immer noch da ist. Wenn es weg ist, könnt ihr noch zu der Einladung fahren. Ist es jedoch noch da, bleibt zu Hause.

Es ist nicht irgendein Muster in euch, das euch davon abhalten möchte zu feiern, sondern eure von Gott gegebene Intuition, die euch rät, zu Hause zu bleiben. Seid mutig. Wichtig ist, dass ihr euch bei der Absage keine Entschuldigung ausdenkt, sondern die reine Wahrheit sagt. Das mag am Anfang vielleicht nicht verstanden werden, aber nach und nach, wenn ihr offen damit umgeht, werden eure Freunde, Bekannten und Verwandten es verstehen. Geht offen mit euren Wahrnehmungen um. Menschen stellen sich dann schneller auf eure Wahrheiten ein, als ihr glaubt.

Eins liegt mir noch am Herzen. Benutzt die Esel nicht als Lasttiere, sondern als heilige Tiere. Sie halten viele Botschaften und Informationen für euch bereit und sind nicht auf Erden gekommen, um für euch die Last zu tragen, sei es auf Erdenebene, auf energetischer oder auf seelischer Ebene. Sie sind gekommen, um euch Menschen die Heiligkeit und die Intuition Gottes wieder näherzubringen.

In Liebe, Lisia

Gebet

Liebe Lisia,

bitte stärke mich in meinem Mut, meine göttliche Intuition zuzulassen. Öffne mein Herz für meine Intuition, die mir hilft, sicher und beschützt durchs Leben zu gehen. Danke. Amen.

Zuordnungen auf Erden

Element:
Göttliche Kraft, Luft, Feuer und Erde
Kristall:
Smaragd, Saphir, Larimar, Moqui-Marbles (mystischer Wunderstein der Indianer) und Meteorit
Farbstrahl:
Silber, Hellblau, Orange und Gelb
Geruch:
Frisches Heu und blühende Blumen an einem Wildbach
Symbol:
Heiliger Geist, symbolisiert durch eine weiße Taube mit göttlichen Strahlen
Kraftort:
Bäche in Wäldern und Brücken aller Art
Krafttier:
Esel und Maultier
Musik:
Eselsrufe, Glockenläuten und die Musik von Glockenspielen
Pflanze:
Rotklee, Ysop und die Sumpfdotterblume

Rintzia – Sternenengel der Herden- und Rudeltiere

Botschaft

Liebe Seelen auf Erden,
ich bin Rintzia, der Sternenengel der Herden- und Rudeltiere. Meine Aufgabe ist es, euch die Wichtigkeit und das Wohl der Gemeinschaft wieder näherzubringen. Die meisten Menschen leben für sich und kämpfen sich allein durchs Leben. Die Tugend, sich an der Gemeinschaft zu beteiligen, kann ich nur noch in Teilen auf Erden erkennen. Es gibt immer nur eine bestimmte Anzahl von Menschen, die sich in die Gemeinschaft einbringen, der andere Teil interessiert sich nicht dafür. Es mag nicht jedermanns Sache sein, aber seid euch gewiss, dass keiner ohne den anderen existieren kann. Allein die Wahrnehmung, wie es eurem Gegenüber geht, bleibt vielen Menschen verschlossen. Es geht gar nicht mal darum, dass ein Gesprächspartner sich nicht für sein Gegenüber interessiert, sondern dass seine Fähigkeit verlorengegangen ist, das Herz für seine Mitmenschen zu öffnen, um zu spüren, wie es ihnen wirklich geht. Diese Gabe ist leider nur noch selten zu sehen. Aber ich bin guten Mutes, dass sich das ändern wird. Doch eine Frage stelle ich mir: Wie konnte sich so viel Desinteresse am Wohl der Menschen entwickeln? Im Kleinen, wie im Großen?

Jeder kämpft ums Überleben, um seine Existenz, Anerkennung und Liebe. Da kann schon mal das Gemeinwohl auf der Strecke bleiben. Viele Menschen werden nicht in ihrer Arbeit und in ihrem Sein geachtet. Viele leben in Armut oder auch in Gewalt, weil es scheinbar nicht möglich ist, dort herauszukommen. Aber das stimmt nicht! In einer liebevoll gelebten Gemeinschaft gibt es keine Armut, keine Gewalt, keine Missachtung, keine Intoleranz und keine Respektlosigkeit.

Ihr seid alle dazu aufgerufen, eine neue Gemeinschaft in Liebe zu erschaffen. Für eine gut funktionierende Gemeinschaft sind Anerkennung, Toleranz, die Bereitschaft zu helfen, Mitgefühl und Liebe wichtig. Diese Energien tragen die Menschen in der Gemeinschaft durch dunkle und lichtvolle Zeiten. Habt den Mut, eine liebevolle göttliche Gemeinschaft zu gründen, oder beteiligt euch an einer bestehenden und helft, diese lichtvoll werden zu lassen. Ich danke allen Menschen, die es geschafft haben, den Weg des Herzens und der Bewusstseinsöffnung zu gehen, um ein Vorbild für andere zu sein. Ich danke allen, die sich in die Gemeinschaft einbringen, so erschafft ihr kleine lichtvolle Netze, die mit der Zeit immer kraftvoller und größer werden.

Herden- und Rudeltiere kümmern sich um die Gemeinschaft. Sie fliehen zusammen vor Gefahren oder sammeln sich in Gruppen, um sich zu verteidigen. Es gibt viele Tiere, die ich aufzählen könnte – Elefanten, Löwen, Zebras, Antilopen –, die euch ein Vorbild sein sollten, was das Leben in einer Gemeinschaft betrifft. Alle unterligen bestimmten Regeln, die vor langer Zeit erschaffen wurden. Regeln sind wichtig, damit Gemeinschaften funktionieren. Die Regeln können sich von Gemeinschaft zu Gemeinschaft unterscheiden und auch mit der Zeit verändern. Von Zeit zu Zeit sollten diese Regeln auch überdacht werden, um sich den ansteigenden Energien anzupassen. Das wird eine große Aufgabe werden, gerade in größeren Gemeinschaften mit verschiedenen Generationen, seien es religiöse oder familiäre. Generationen strahlen unterschiedliche Energien aus, sie haben Verschiedenes erlebt und sind anders aufgewachsen als die vorhergehenden oder nachfolgenden Generationen. Dort eine gemeinsame Basis zu finden ist eine schöne Herausforderung, an der ihr wachsen könnt. Nehmt sie an, es lohnt sich.

Rintzia

Gebet

Liebe Rintzia,
stärke mich in meinem Mitgefühl und meiner Motivation, mich in die Gemeinschaft einzubringen.
Lass mich erkennen, wo meine Fähigkeiten und mein wahres Sein gebraucht werden. Ich öffne mich für deine Zeichen, um ihnen zu folgen. Danke. Amen.

Zuordnungen auf Erden

Element:
Erde und Wasser
Kristall:
Sandrose, Rosenquarz, Tigerauge, roter Karneol, rote Koralle
Farbstrahl:
Orange, Rot, Braun, Beige und Weiß
Geruch:
Staubige Luft und wehender Saharasand
Symbol:
Hörner und Elefanten
Kraftort:
Wüsten, Steppen, Weiden, Berge, weite Flächen mit grasenden oder trinkenden Tieren
Krafttier:
Alle Herden- und Rudeltiere
Musik:
Afrikanische Trommeln und Dudelsäcke
Pflanze:
Apfelbaum, Buschwindröschen und weiße Wildblume

Ritha – Sternenengel der Steppentiere

Botschaft

Liebe Menschen auf Erden,
ich bin zu euch gekommen, um euch die heilende Energie der Steppentiere näherzubringen und euch die Bedeutung der Steppe zu erklären. Ich bin dort, wo die Löwen in Freiheit leben. Ich bin dort, wo die Elefanten sich formieren. Ich bin dort, wo die Giraffen ihre Nahrung finden.

Die Tiere der Steppe haben gelernt, auch in dürren Zeiten zu überleben. Wenn es scheint, als würden sie nicht mehr genährt werden, als würden sie nicht mehr genug Energie auf Erden erhalten, dann konzentrieren sich die Steppentiere auf ihre Wahrhaftigkeit, um überleben zu können. Sie richten ihre Aufmerksamkeit auf ihr Innerstes, auf die göttliche Stille in ihnen. So bündeln sie ihre Kraft, um durchzuhalten, bis bessere Zeiten kommen. Sie sind immer mit Gott verbunden und werden auf diese Weise genährt. Ihre Konzentration wird darauf gerichtet, im Jetzt zu leben und nicht ihre Energie im Außen zu verschwenden, um panisch nach Futter zu suchen. Sie vertrauen darauf, dass sie zum richtigen Zeitpunkt das Fressen bekommen, das für sie bestimmt ist.

Von den Steppentieren könnt ihr einiges lernen und empfangen. Sie ruhen in sich und strahlen Zuversicht und Vertrauen aus, auch in Dürrezeiten. Auch wenn ihr sie in Zoos oder anderen Parks einsperrt, geben sie euch immer noch die Gelegenheit, sie zu beobachten und die Essenz ihres Seins und ihre Aufgabe auf Erden zu erkennen. Bei jedem eurer Besuche in einem Tierpark geben sich diese Tiere ihrer göttlichen Aufgabe hin. Es ist ihre Aufgabe, euch in eurem Bewusstsein zu wecken, zu erweitern und zu nähren. Seht ihr einen Löwen oder einen

Elefanten, egal wo, so verbindet euch mit ihm auf Herzensebene. Empfangt seine Botschaft und Energien und sendet ihm als Dank eure Liebe und Dankbarkeit.

Ruft die Steppentiere um Hilfe, wenn ihr euch in einer scheinbar ausweglosen Situation befindet, sie werden euch helfen, das zu erkennen, was es in diesem Moment zu erkennen gilt. Sie helfen euch, Durststrecken zu überstehen und durchzuhalten, um die Fülle des neuen Wachstums mit Freuden zu empfangen. Von den Steppentieren könnt ihr Gleichmut, Geduld und Zuversicht lernen.

Die Steppe und die Wüste sind Orte, an denen ihr euer Bewusstsein erweitern könnt. Die Steppe wurde mir zugeordnet, die Wüste dem Sternenengel Sundtia. Die Steppe steht für die Weite eures Seins und für eure Erdung. Sie verbindet euch mit eurem Erdelement und mit Mutter Erde und kann euch helfen, euer Sein nach allen Seiten auf Erden strahlen und fließen zu lassen. Lasst euer Sein auf Erden strahlen, die Steppe ist der beste Ort, um das zu üben, denn in der Steppe werden die göttliche Liebe und das göttliche Licht auf Erden verankert, damit ihr mit diesen Energien optimal arbeiten könnt. Dort herrscht eine extrem starke Erdenergie, die es euch ermöglicht, die göttliche Liebe und das göttliche Licht einmal um die Erde zu schicken. Nutzt diese besondere Kraft für die Heilung der Welt, damit das göttliche Licht und die göttliche Liebe überall verankert werden können. Nutzt diese wundervolle Energie auch für euch selbst, zum Beispiel in Meditationen, um euer Sein auf Erden zu verankern. So wird das göttliche Licht immer stärker auf eurem Planeten und in euch.

Ich komme zu euch, wenn ihr mich ruft. Ich helfe euch durch das Dunkel der Durststrecke, die es manchmal zu durchqueren gilt. Die Energie der Steppe unterstützt euch, in euch zu ruhen und in der Gegenwart zu leben, um Zuversicht in euer Leben zu lassen. Nach jeder Durststrecke kommen auch wieder Licht und Fülle. Verbindet euch mit eurem Licht und mit eurer Fülle, sie sind immer da. So könnt ihr länger durchhalten und euch von innen heraus stärken. Ruft mich, ich bin da.

Auch hilft euch die Weite der Steppe, euer Sein auszuweiten. Manchmal fühlt ihr euch gefangen in einer Situation. Verbindet euch mit der Weite der Steppe und lasst diese Energie in euer Herz und in euren Körper einfließen. So werden Blockaden gelöst, die bereit sind, gelöst zu werden. Weite breitet sich in euch aus, ihr könnt aufatmen und weitergehen. Nutzt die Energien für euch und die Welt. Ich bin da.

Ich danke euch.
Ritha

Gebet

Liebe Ritha,

hilf mir durch meine derzeitige schwierige Situation. Ich bin die Essenz Gottes, die immer einen Ausweg weiß, wenn mein Weg verdunkelt ist. Ich bin das Licht Gottes, das meinen Weg erhellt. Ich bin die Weisheit Gottes, die an sich glaubt. Ich bin der Wind in meinem Leben, der mich voranschreiten lässt. Ich bin die Weite in meinem Sein, um zu erkennen. Ich bin die Weite, um die Freiheit in mir zu spüren und zu leben. Ich lasse die Liebe in mir fließen. Danke. Amen.

Zuordnungen auf Erden

Element:
Erde und göttliche Weite
Kristall:
Stein aus der Steppe, Sandrose und versteinertes Holz
Farbstrahl:
Rot, Gold und rotbräunlicher Glitzer
Geruch:
Trockene Hitze und der Regen danach
Symbol:
Abnehmender Mond und die Sonne in einem Kreis vereint
Kraftort:
Steppen und Wüsten.
Krafttier:
Steppentiere und Dromedar
Musik:
Gesang von Kindern und der Klang fließenden Wassers in einem Fluss
Pflanze:
Kaktee

Meditation „Bewusstsein fließen lassen"

Geh in die Stille und atme bewusst einige Male ein und aus. Tue dies so lange, bis du zur Ruhe gekommen bist, deine Gedanken langsamer werden und an dir vorüberziehen. Rufe nun die Erzengel, die Aufgestiegenen Meister und den Sternenengel Ritha und bitte um einen geschützten Raum. Der Strahl der göttlichen Liebe, der gleich durch dich fließen wird, gibt dir diesen Raum.

Stell dir nun vor, du stehst in einer Steppe unter einem Baum. Es ist heiß, und du genießt den Schatten, der dir der Baum spendet. Fühle in diesen Augenblick hinein und tritt aus dem Schatten heraus. Geh so lange in der Sonne umher, bis du einen Punkt gefunden hast, an dem du dein Bewusstsein fließen lassen möchtest. Hast du diesen Punkt gefunden, lass die göttliche Liebe über dein Kronenchakra einströmen, durch dein Herzchakra und in deine Füße hinein. Spüre, wie die göttliche Liebe dich füllt. Spüre, wie die göttliche Liebe dich über deine Füße mit Mutter Erde verbindet.

Lass nun die göttliche Liebe über dein Herzchakra nach außen in alle Richtungen fließen, sodass alles mit der göttlichen Liebe energetisiert wird. Nun stell dir vor, wie du bei jedem Ausatmen dein Bewusstsein erweiterst. Dein Bewusstsein ist die ganze Wahrnehmung in deinem Körper. Atme in deinen Körper hinein und lass die Energie deines Bewusstseins nach außen größer werden. Du kannst damit spielen und schauen, wie du dein Bewusstsein verändern kannst. Du kannst immens groß werden und auch klein. Spüre, wie weit du dein Bewusstsein ausdehnen kannst, und genieße die damit aufkommende Kraft so lange du möchtest.

Nach einiger Zeit hole dein Bewusstsein wieder zu dir zurück. Es ist nun wieder in deinem Körper konzentriert. Bewege nun langsam deine Finger, Füße, Beine, Arme und deinen Kopf. Komm in deine Gegenwart zurück und öffne die Augen. Lass kurz die Weite in dir nachwirken, die du gerade gefühlt hast.

Es geht bei dieser Übung nicht darum, so weit und groß wie möglich zu werden, sondern die Möglichkeit der grenzenlosen Weite in sich zu spüren.

Meditation

„Der heilige Kreis der Sternenengel"

Geh in die Stille und konzentriere dich auf deine Atmung. Werde still und lass die Energie deines Herzens fließen – in deinen Körper, deine Aura oder einfach nur so. Rufe nun die zwölf Sternenengel des heiligen Kreises zu dir. Warte ein wenig, bis sie sich dir zeigen. Der Kreis wird um dich herum aufgebaut und dann geschlossen. Nun bitte darum, dass sie dir bei deinem Anliegen helfen. Es kann ein Problem, eine seelische, energetische oder körperliche Beschwerde sein oder anderes, was dich derzeit belastet oder dir am Herzen liegt.

Nun gibt es zwei Möglichkeiten:

1. *Alle Engel erstrahlen und senden dir Energie und Liebe oder*
2. *ein, zwei oder drei Engel treten hervor und arbeiten mit dir allein.*

Lass es einfach geschehen, sie kümmern sich um dich. Welche Möglichkeit dann eintritt, liegt ganz bei den Sternenengeln, sie wissen, was am besten für dich ist. Du kannst auch Fragen stellen, die dein Anliegen betreffen. Je genauer du eine Frage stellst, desto gezielter können sie dir helfen und dein Problem oder deine Beschwerde lösen. Verweile in dieser wundervollen Energie im heiligen Kreis, öffne dich und lass geschehen.

Diese Meditation ist eine besondere Zeit in deinem Alltag. Sie ist heilig. Nimmst du die Farben der Sternenengel um dich herum wahr? Welche Energien spürst du? Erhöht sich deine Eigenschwingung etwas?

Verweile im Jetzt und geh in die vollkommene Wahrnehmung deines Selbst und der Energie der Sternenengel. Fühlst du dich leichter oder hast eine Lösung in Form eines Bildes oder eines Gefühls erhalten, dann bedanke dich bei den Sternenengeln. Spüre, wie sie dir ihren Segen geben. Komm nun wieder zurück und öffne die Augen.

Diese Meditation könnt ihr zu jeder Zeit machen und so oft ihr wollt. Die einzelnen Sternenengel könnt ihr auch anhand ihrer Farbe erkennen und noch einmal ihre Botschaft nachlesen, die sie für euch haben. Seht ihr während der Meditation nichts oder es fällt euch schwer, die Sternenengel wahrzunehmen, genießt einfach ihre Anwesenheit und stellt euch vor, dass sie euch beschützen und energetisieren. Alles ist gut so, wie es ist.

Erklärung der Affirmationsgebete

Gebete können individuell variiert werden. Traut euch, eure eigenen Gebete zu gestalten. Die Gebete sind ähnlich aufgebaut wie Affirmationen, und so könnt ihr sie auch anwenden. Das Gebet wird in der Regel dreimal laut oder in Gedanken aufgesagt, so, wie es für euch stimmig ist. Die Gebete, die bei den einzelnen Sternenengeln aufgeführt sind, sind Anrufungen in der Weise, die ihr schon von jeher kennt. Die Gebete, die nachstehend aufgeführt sind, sind so durchgegeben worden, dass ihr sie als Affirmationen anwenden könnt. Es ist eine neue Form des Gebets.

Botschaft der Sternenengel zu den Affirmations-Gebeten

Liebe Seelen auf Erden,
nachfolgend geben wir euch einige Gebete an die Hand, die euch helfen werden, euer Sein auf eine höhere Stufe zu heben. Sie stärken euch und begleiten euch durch den Tag. Eure Energie wird durch diese Gebete sofort erhöht. Sprecht die Gebete dreimal in Gedanken oder laut aus, so, wie ihr euch gerade fühlt. Gestaltet euch eine angenehme Atmosphäre oder geht in die Stille, um dem Gebet noch mehr Kraft zu verleihen. Ihr könnt sie aber auch bei der Arbeit oder anderswo sprechen, damit eure Energie angehoben wird oder ihr in dem Moment neue Kraft empfangt.

Viel Freude beim Beten.

Inhaltsangabe der Affirmationsgebete

Gebet des Lichts 181
Gebet des Segens 182
Gebet des Friedens 183
Gebet der Zuversicht 184
Gebet des Vertrauens 185
Gebet für Kinder 186
Gebet für Erwachsene 187
Gebet für Alleinerziehende Mütter und Väter 188
Gebet für Partnerschaft / Ehe /Beziehung 190
Gebet für Singles 191
Gebet des Reichtums 192
Gebet des Mutes 193
Gebet der Kraft 194
Gebet der Gesundheit 195
Gebet der Heilung 196
Gebet des göttlichen Potenzials 197
Gebet der Berufung 198
Gebet der Wahrnehmung 199
Gebet der Impulse 200
Gebet des Herzens 201
Gebet des Empfangens 202
Gebet für Kinderwunsch 203
Gebet der Freiheit 204
Gebet der Freude 205
Gebet der Leichtigkeit 206
Gebet der Liebe I 207
Gebet der Liebe II 208
Gebet der Selbstliebe 209

Affirmationsgebete

Gebet des Lichts

Ich bin.
Du bist.
Wir sind.

Ich bin das göttliche Licht und strahle.
Ich bin der göttliche Strahl und fließe.
Ich bin das göttliche Fließen und gebe.
Ich bin das göttliche Geben und empfange.

Ich empfange das göttliche Licht, denn ich bin die Liebe.
So sei es. Amen.

Gebet des Segens

Ich bin ein Kind Gottes.
Ich bin die Liebe Gottes.
Ich bin das Licht Gottes, darum segne mich.
Ich empfange den göttlichen Segen mit Freuden.
Ich bin der Segen, der alles mit Liebe umhüllt.

Ich segne alles, was mich umgibt.
Ich segne meine Mitmenschen.
Ich segne die Natur.
Ich segne die Tiere.
Ich segne den Himmel und die Erde.
Ich segne die Sonne und den Mond.

Ich bin der Segen Gottes.
Ich segne mich und bin im Frieden.
So sei es. Amen.

Gebet des Friedens

*Frieden.
Ich öffne mich für den Frieden.*

*Frieden, Ruhe, Stille, Freude, Gelassenheit und Vertrauen
lasse ich nun in mein Leben.*

*Ich öffne mich dafür.
Ich bin Frieden.
Frieden sei überall und in jedem.
Ich bin Frieden.
Frieden sei im Himmel und auf der Erde.
Ich bin Frieden.
Frieden sei bei allen Menschen,
die sich dafür öffnen wollen.
Ich bin Frieden.*

*Ich sende den Frieden in die Welt und stärke meinen Frieden,
indem ich alles annehme und so sein lasse, wie es sein möchte.*

*Ich gebe den Kampf auf und bin im Frieden mit allem.
Ich bin in Frieden mit mir.
Ich bin Frieden.*

*Frieden. Frieden. Frieden.
So sei es. Amen.*

☆☆☆

Gebet der Zuversicht

Zuversicht ist die Basis in meinem Leben.
Zuversicht gibt mir Kraft, um weiterzugehen.
Zuversicht ist das Vertrauen auf Erden.

Ich bin zuversichtlich.

Zuversicht strahle in mir.
Zuversicht fließe in mir.
Zuversicht erleuchte.
Zuversicht ist meine Kraft,
die mich durchs Leben trägt.

Ich bin die Zuversicht in meinem Leben.
So sei es. Amen.

Gebet des Vertrauens

Ich vertraue.
Ich vertraue mir.
Ich vertraue Gott.

Ich lebe.
Ich liebe.
Ich bin.

Vertrauen kehre ein in mein Leben.
Vertrauen stärke mich.
Vertrauen geleite mich auf meinem Weg.

Ich vertraue.
Ich vertraue mir.
Ich vertraue Gott.
So sei es. Amen.

Gebet für Kinder

Ich bin die Freude,
ich bin die Liebe,
ich bin die Stärke,
ich bin der Mut,
ich bin das Lachen,
ich bin die Macht,
ich bin die Stille,
ich bin die Klarheit,
ich bin das Vertrauen,
ich bin der Segen...
...in meinem Leben.
Amen.

Gebet für Erwachsene

Ich danke mir für alle Erfahrungen, die ich erleben durfte.

Ich danke mir für die Freude in meinem Leben.
Ich danke mir für meine Klarheit.
Ich danke mir für meine Weisheit.
Ich danke mir für alles, was ich bin und sein darf.
Ich danke mir, dass ich auf Erden bin.

Ich achte und ehre mich.
Ich liebe mich.

Ich freue mich auf die kommende Zeit.
Ich freue mich auf meinen Weg, den ich gehe.
Ich freue mich darauf, aus meinem Herzen zu leben.
Ich freue mich, meinen Impulsen zu folgen.
Ich freue mich auf das Leben und entscheide mich dafür.

Ich danke mir für alles.
Ich liebe mich.

Danke, liebe _____ (eigenen Namen nennen)!
So sei es. Amen.

Gebet für Alleinerziehende Mütter und Väter

Ich bin stark.
Ich habe Kraft.
Ich bin die Mutter/der Vater,
nicht mehr und nicht weniger.

Ich wahre meine Grenzen.
Ich stehe zu mir.
Ich umsorge mich.
Ich umsorge mein Kind/meine Kinder.

Ich bin frei.
Ich gebe mir den Freiraum,
mich selbst zu leben.
Ich folge meinem Herzen,
denn so bin ich authentisch.

Ich stehe zu mir und meinen Fehlern.
Ich stehe zu mir und meinen Schwächen.
Meine Schwächen sind meine Stärken.
Ich lebe meine Stärken.

Ich bin für mich da, ich bin für mein Kind da.
Alles zu gegebener Zeit.

Ich wahre die Grenzen meines Kindes/meiner Kinder.
Ich achte mich, ich achte mein Kind/meine Kinder,
ich achte unser Familienleben,
ich achte das Leben meines Kindes/meiner Kinder,
ich achte mein Leben.

Ich bin stark.
Ich habe Kraft.

Ich bin die Mutter/der Vater,
nicht mehr und nicht weniger.
Ich bin ich, und das ist gut so.
So sei es. Amen.

Gebet für Partnerschaft / Ehe / Beziehung

Ich öffne mich der Liebe.
Ich lasse die Liebe zu mir selbst zu.
Ich öffne mich der Liebe meines Partners und empfange sie.
Ich öffne mich meiner Liebe und gebe sie.

Stille kehrt ein.
Leben im Jetzt.
Lieben im Jetzt.

Wir sind eins und doch jeder für sich.

Ich bin Liebe,
ich gebe Liebe,
ich empfange Liebe.

Wir sind Liebe.
So sei es. Amen.

Gebet für Singles

Ich öffne mich für die Liebe.
Ich bin bereit für die Liebe.
Ich lasse die Liebe in meinem Leben zu.

Ich bin bereit für eine liebevolle Partnerschaft.
Ich bin bereit für die Liebe.
Ich öffne mich für die Begegnung mit meinem Partner.
Ich lasse alle Muster und Gedanken frei,
die mich von einer glücklichen Partnerschaft abhalten.
Ich lasse alle Erwartungen an meinen Partner los.
Ich lasse alle Erwartungen an mich los.

Ich bin bereit, mich weiterzuentwickeln.
Ich bin bereit für Veränderung.
Ich vertraue darauf, dass alles zu meinem Besten geschieht.

Ich wahre meine eigenen Grenzen.
Ich wahre die Grenzen meines Partners.
Ich bleibe ich, auch wenn ich in einer Partnerschaft lebe.
Ich bin frei in der Zweisamkeit unserer Partnerschaft.

Ich öffne mich für deine Liebe.
Ich bin bereit für deine Liebe.
Ich lasse deine Liebe in meinem Leben zu.
Komm zu mir, ich heiße dich herzlich willkommen
in meinem Leben.

Danke.
So sei es. Amen.

Gebet des (finanziellen) Reichtums

Ich bin reich.
Ich lebe Reichtum.
Ich liebe Reichtum.

Ich öffne mich für den Reichtum.
Ich lasse den Reichtum in mein Leben.

Ich bin es mir wert, reich zu sein.
Ich verdiene es, reich zu sein.

Ich bin reich.
Ich lebe Reichtum.
Ich liebe Reichtum.
Ich bin der Reichtum.
So sei es. Amen.

Gebet des Mutes

*Ich bin mutig.
Ich sehe den Mut in mir.
Ich liebe den Mut in mir.*

*Mein Mut gibt mir Kraft.
Mein Mut gibt mir Motivation.
Mein Mut gibt mir Zuversicht, weiterzugehen.*

*Ich bin mutig.
Ich erkenne meinen Mut.
Ich lebe meinen Mut.*

*Ich bin mutig.
So sei es. Amen.*

Gebet der Kraft

Ich bin die Kraft Gottes.
Ich empfange meine Kraft.
Ich lebe meine Kraft.

Ich öffne mich für meine Kraft.
Ich bin meine Kraft.
Ich lebe meine Kraft.

Ich lasse die Kraft Gottes,
seine Liebe in mein Leben fließen.
Ich fühle meine Kraft.
Ich bin meine Kraft.
Ich lebe meine Kraft.
Ich bin die Kraft Gottes.
So sei es. Amen.

Gebet der Gesundheit

*Ich bin in der göttlichen Ordnung und öffne mich dafür,
dass mein Körper sich der neuen Ordnung anpasst.*

Ich bin in der göttlichen Ordnung.

*Ich lasse zu, dass Heilung geschehen kann auf allen Ebenen
meines Seins.
Ich lasse zu, dass Veränderung geschieht.
Ich bin bereit für den Wandel.*

*Ich trage für meine Gesundheit die Verantwortung,
und ich bin froh darüber,
denn ich kann selbst entscheiden, wie es weitergeht.*

Ich entscheide mich für die göttliche Ordnung.

*Ich lasse den Prozess der Heilung geschehen,
wie auch immer er aussehen mag.
So kann sich mein Körper auf eine neue Ordnung einstellen, die
göttlich ist.
Die göttliche Ordnung in mir ist die Basis meiner Gesundheit.
Alles ist gut.*

*Ich bin die göttliche Ordnung.
So sei es. Amen.*

Gebet der Heilung

Ich öffne mich für meine Heilung.
Ich lasse den Prozess der Heilung zu.

Ich bin in der Heilung und vertraue.

Ich bin heil auf allen Ebenen.
Ich folge meinem Herzen und vertraue.

Ich bin heil auf allen Ebenen.
So sei es. Amen.

Gebet des göttlichen Potenzials

Ich bin groß.
Ich bin mächtig.
Ich bin alles, was ich bin.

Ich öffne mich für das göttliche Potenzial.
Ich lasse mein göttliches Potenzial zu.

Ich bin bereit, es zu empfangen.
Ich bin bereit, es zu sehen.
Ich bin bereit, es zu leben.
Ich bin bereit, es zu geben.

Ich habe es jetzt und für immer verdient,
mein göttliches Potenzial zu sein
und es auf allen Ebenen zu leben.
Vergangenheit, Gegenwart und Zukunft
spielen keine Rolle mehr,
denn ich bin das göttliche Potenzial.

Ich lebe es im Innen, wie im Außen.

Ich bin mein göttliches Potenzial.
So sei es. Amen.

Gebet der Berufung

Ich bin berufen, den Weg meines Herzens zu gehen.
Ich bin berufen, auf mein Herz zu hören.
Ich bin berufen, meine Seele zu spüren.
Ich bin berufen von Gott.

Ich folge meinem Herzen.
Ich gehe den Weg, der für mich auserwählt wurde.
Ich fühle mich berufen, dem Ruf meiner Seele zu folgen.
So sei es. Amen.

Gebet der Wahrnehmung

Ich öffne mich meiner Wahrnehmung.
Ich bin meine Wahrnehmung.
Ich fühle meine Wahrnehmung.
Ich nehme mich und mein Umfeld wahr.

Meine Augen sind wach.
Meine Ohren sind offen.
Meine Nase ist klar.
Mein Fühlen ist da.
Mein Mund schmeckt.
Mein Herz fühlt.
Meine Seele spricht.

Ich öffne mich dem Weg zur allumfassenden Wahrnehmung.
Ich bin.
So sei es. Amen.

Gebet der Impulse

Ich öffne mich.
Ich öffne mich für
mein Herz,
meine Seele,
meine Liebe
und meine Freude.

Ich höre meiner Seele zu.
Ich höre meinem Herzen zu.

Ich bin bereit, die Impulse meines Herzens zu empfangen.
Ich bin bereit, die Impulse meiner Seele zu empfangen.

Ich nehme die Impulse wahr,
die mir von Gott gesandt werden.
Ich nehme die Impulse wahr,
die mir von meiner Seele gesandt werden.
Ich nehme die Impulse wahr,
die mir von meinem Herzen gesandt werden.

Ich empfange bewusst meine göttlichen Impulse.
Ich höre sie jeden Tag mehr, bis ich eins werde mit ihnen.

Danke.
So sei es. Amen.

Gebet des Herzens

Ich vertraue dir, mein Herz.
Ich sende dir meine Liebe.
Ich fühle dich, mein Herz.
Ich vertraue dir, mein Herz.
So sei es. Amen.

Gebet des Empfangens

Ich öffne mich.
Ich öffne mich für die Liebe
Ich öffne mich für die Geschenke Gottes.
Ich nehme sie dankend an.

Ich gehe auf Empfangen und freue mich.
Ich empfange alles, was mir zusteht.
Ich empfange alles, was ich mir wünsche.
Ich empfange alles, was für mich bereit steht.
Ich empfange und nehme es mit Freuden an.

Danke.
So sei es. Amen.

Gebet für Kinderwunsch

Ich bin bereit, dich, liebe Seele, zu empfangen.
Ich bin in meiner Mitte und in meiner Kraft.
Ich bereite dir ein wohliges Nest,
in dem du geborgen bist und geliebt wirst.

Ich bin bereit für dich. Bist du es auch?
Dann komm zu mir, liebes Kind.
Wir warten auf dich mit großer Freude.
Wenn es etwas gibt, das dich daran hindert,
zu uns zu kommen,
dann gib uns ein Zeichen,
damit wir dieses Hindernis auflösen können.
Wir sind bereit, an uns zu arbeiten,
damit wir den Weg für dich frei machen.

Ich bin bereit, dich zu empfangen. (Für Mütter)
Ich bin bereit, dir zu helfen, auf Erden zu kommen. (Für Väter)

Ich bin bereit, dich zu gebären. (Für Mütter)
Wir sind bereit, dich in unser Leben aufzunehmen.

Wir sind bereit. Komm zu uns auf Erden, wir sind für dich da.

Wir heißen dich willkommen.

In Liebe und Dankbarkeit.
So sei es. Amen.

(Das Gebet können die Eltern auch gemeinsam sprechen.)

Gebet der Freiheit

Ich bin frei.
Ich bin frei.
Ich bin frei von allem.

Ich bin frei von mir.
Ich bin frei von anderen.
Ich bin frei von allem.

Ich bin frei von Pflichten.
Ich bin frei von alten Mustern.
Ich bin frei von negativen Gedanken.
Ich bin frei von allem.

Ich bin frei von Abhängigkeiten.
Ich bin frei von Opferrollen.
Ich bin frei, mich aufzugeben für andere.
Ich bin frei von allem.

Ich bin frei von Erwartungen mir selbst gegenüber.
Ich bin frei von Erwartungen anderer.
Ich bin frei von Druck.
Ich bin frei von allem.

Ich bin frei. Ich bin Liebe.
Ich bin, die/der ich bin.
Ich lasse meine Mitmenschen frei.
Ich lasse mich frei.
Ich bin frei.
So sei es. Amen.

Gebet der Freude

Ich öffne mich für die Freude.
Ich empfange die Freude.

Freude halte Einzug in meinem Leben.
Glück halte Einzug in meinem Leben.
Liebe halte Einzug in meinem Leben.

Ich bin die Freude in meinem Leben.
Ich bin das Glück in meinem Leben.
Ich bin die Liebe in meinem Leben.

Ich lasse alles, was mich umgibt, mit Freude füllen.
Ich lasse alles, was ich bin, mit Freude füllen.
Ich lasse die Freude aus meinem Herzen
in mein Leben fließen.

Alles ist Freude.
Ich bin Freude.

So sei es. Amen.

Gebet der Leichtigkeit

Leichtigkeit komme in mein Leben.
Leichtigkeit energetisiere mich.

Ich bin leicht und vertraue.
Ich lasse alles frei,
was mich in meinem Leben von Leichtigkeit abhält.
Ich bin leicht und frei.

Ich vertraue der Leichtigkeit in meinem Leben.
Ich freue mich auf die Leichtigkeit in meinem Leben.
Ich bin die Leichtigkeit in meinem Leben.

Es darf leicht sein, ich habe es verdient.
Leichtigkeit ist in meinem Leben.
So sei es. Amen.

Gebet der Liebe I

Ich bin Liebe.
Ich war Liebe.
Ich werde Liebe sein.

Ich öffne mich für die Liebe und empfange sie JETZT!

Ich bin Liebe.
Ich war Liebe.
Ich werde Liebe sein.
So sei es. Amen.

Gebet der Liebe II

Die Liebe Gottes fließe in mein Leben.
Ich öffne mich für die Liebe und empfange sie.
Ich empfange sie mit Freuden.
Ich bin Liebe.

Meine Liebe gibt mir Kraft.
Meine Liebe zu den Menschen gibt mir Kraft.
Meine Liebe zu mir selbst gibt mir Kraft.
Die Liebe zu Gott/zur göttlichen Quelle gibt mir Kraft.

Ich bin dankbar, dass die Liebe in meinem Leben ist.
Ich bin dankbar, dass ich die Liebe leben darf.
Ich bin dankbar, dass ich die Liebe Gottes bin.

Ich bin Liebe.
Ich bin Liebe.
Ich bin Liebe.

So sei es. Amen.

Gebet der Selbstliebe

Ich sehe den wahren Schatz in mir.
Ich achte und ehre mich.
Ich verneige mich vor mir.
Ich sende mir meine Liebe.

Ich liebe mich.
Ich liebe mich so, wie ich bin.
Ich bin mit mir glücklich.
Ich bin eins mit mir.
Ich liebe mich.

Ich liebe mich für alles, wofür ich stehe.
Ich liebe meine Schwächen.
Ich liebe meine Stärken.
Ich liebe mich einfach so, wie ich bin.
Danke, dass ich mich lieben darf.

Ich liebe mich.
So sei es. Amen.

Register der einzelnen Zuordnungen

Elemente und Sternenengel

Bei den Sternenengeln gibt es neue Elemente, die wir bis jetzt noch nicht als Elemente angesehen haben.

Äther:
Sethee
Eis:
Servitzius
Erde:
Alizia, Aurelia, Elga, Felta, Goldase, Gotzia, Kristallina, Kiwan, Lisia, Marusa, Pentagus, Quirsina, Rintzia, Ristia, Ritha, Salomon, Soraius, Topassia, Widmii
Göttliche Kraft:
Festa, Lisia
Göttliches Licht:
Delfinia
Göttliche Liebe:
Amorosia, Fantasia, Felta, Klara, Soraius, Tisia, Virgini
Göttlicher Weite:
Ritha
Feuer:
Alizia, Amorosia, Aurelia, Goldase, Lisia, Marusa, Pentagus, Silame, Soraius, Widmii
Glück:
Mirinda
Göttlicher Äther:
Lasaara
Holz:
Alizia

Kristall:
Kristallina, Quirsina
Luft:
Amethysia, Elga, Fantasia, Festa, Lasaara, Lisia, Mercarius, Mesentia, Mirinda, Pentagus, Ristia, Salomon, Sandtifia, Selena, Selma, Sethee, Silame, Tisia, Topassia, Türkisia, Widmii
Metall:
Alizia, Klara, Soraius
Seelenenssenz:
Goldase
Wasser:
Alizia, Delfinia, Kiwan, Maranta, Pentagus, Rintzia, Sandtifia, Salomon, Servitzius, Tisia, Topassia, Türkisia, Virgini, Widmii

Kristalle und Sternenengel

Achat in allen Farben:
Elga, Marusa
Amethyst:
Elga, Amethysia
Anyolit:
Widmii
Aquamarin:
Aurelia
Aventurin:
Pentagus, Kiwan
Azurit:
Aurelia, Maranta
Bergkristall:
Fantasia, Felta, Mesentia, Goldase, Salomon, Selma, Servitzius, Sethee, Silame
Beryll:
Festa, Ristia
Chrysopras:
Türkisia
Citrin:
Goldase, Selma
Diamant:
Kiwan, Soraius,
Dioptas:
Türkisia
Feueropal:
Aurelia, Goldase
Gold:
Kiwan, Kristallina, Lasaara, Soraius

Holz, versteinertes:
Ritha
Jadestein:
Klara
Karneol:
Marusa
Karneol, rot:
Rintzia
Koralle, lebend unter Wasser:
Delfinia
Koralle, rot:
Rintzia
Lapislazuli:
Maranta
Larimar:
Delfinia, Gotzia, Lisia
Leucit:
Ristia
Malachit:
Lasaara
Meteorit:
Lisia
Milchopal:
Fantasia
Mondstein:
Mirinda
Moqui-Marbles:
Lisia
Onyx:
Mercarius
Opal:
Alizia, Delfinia, Goldase, Klara, Kristallina, Servitzius, Silame

Opalit:
Festa
Orangencalcit:
Alizia
Peridot:
Lasaara
Perle:
Virgini
Perle in einer Muschel:
Sandtifia
Phenakit:
Ristia
Rauchquarz:
Quirsina, Servitzius
Rhodochrosit:
Widmii
Rhodonit:
Virgini
Rutilquarz:
Kristallina, Quirsina
Platin:
Soraius
Rosenquarz:
Fantasia, Felta, Mirinda, Rintzia, Virgini, Widmii
Rosenquarz als Feenstein:
Amorosia
Rubin:
Marusa, Pentagus
Saphir:
Fantasia, Lisia
Sandrose:
Rintzia, Ritha

Schieferstein:
Felta, Salomon
Schneeflockenobsidian:
Delfinia
Selenit:
Selena, Servitzius, Sethee
Shiva Auge:
Kiwan
Silber:
Soraius
Smaragd:
Lisia, Pentagus
Stein aus der Steppe:
Ritha
Tigerauge:
Festa, Rintzia
Turmalin:
Salomon, Tisia
Topas, blau:
Mercarius, Maranta, Pentagus, Topassia
Topas, gold:
Topassia
Topas, silbern:
Topassia
Topas, weiß:
Topassia, Fantasia
Türkis:
Türkisia
Weißgold:
Soraius

Farbstrahlen und Sternenengel

Apricot:
Amorosia, Mirinda
Apricot-Gold:
Delfinia
Beige:
Rintzia
Blau:
Goldase, Sandtifia, Topassia
Braun:
Rintzia
Bronze:
Elga, Felta
Diamant:
Silame, Soraius
Dunkelviolett:
Widmii
Durchsichtig:
Festa
Gelb:
Alizia, Felta, Goldase, Lisia, Marusa, Servitzius, Silame
Gold:
Alizia, Amorosia, Aurelia, Goldase, Kiwan, Klara, Lasaara, Ritha, Silame, Servitzius, Tisia, Topassia
Goldgelb:
Elga, Widmii
Grün:
Tisia
Hellblau:
Felta, Gotzia, Kiwan, Lisia

Hellturkis:
Mirinda
Himmelblau:
Festa
Kristall:
Pentagus
Kristallblau:
Aurelia, Mercarius
Kristallweiß:
Sethee
Lila:
Elga, Amethysia
Mandarine:
Sandtifia
Mandel:
Amorosia
Orange:
Alizia, Felta, Lisia, Marusa, Rintzia, Virgini
Perlmutt:
Sandtifia
Pink:
Amorosia, Widmii
Pfirsich:
Goldase
Platin:
Quirsina, Soraius
Rosa:
Virgini
Rosarot:
Pentagus
Rose:
Amorosia, Tisia

Regenbogen, pastellfarbener:
Fantasia, Selma
Regenbogen, opalisierend:
Fantasia
Rot:
Alizia, Rintzia, Ritha, Virgini
Rotbräunlicher Glitzer:
Ritha
Silber:
Amethysia, Lisia, Ristia, Servitzius, Topassia
Smaragd:
Lasaara
Tiefblau wie der Ozean:
Mesentia
Türkis:
Goldase, Tisia, Türkisia, Ristia
Türkis mit silbernen Glitzerfunken:
Delfinia
Türkisgrün:
Kiwan
Violett:
Amethysia
Weiß:
Amethysia, Felta, Klara, Rintzia, Ristia, Salomon, Selena, Servitzius, Silame, Topassia
Weiß mit Silber:
Quirsina
Weißgold:
Soraius
Weiß, opalisierend:
Kristallina

Gerüche und Sternenengel

Blumenwiese im Frühling:
Ristia
Blumen, blühend an einem Wildbach:
Lisia
Bonbons:
Selma, Servitzius
Diamantenstaub:
Goldase
Fell von Tigern:
Marusa
Feuer:
Alizia, Goldase
Frisches Badewasser:
Amethysia
Frische Bergluft:
Felta
Frischer Blumenduft:
Ristia
Frische Brise auf einem fahrenden Schiff, Boot oder Segelboot:
Festa
Frischer Duft von Schnee:
Servitzius
Frische Erde:
Pentagus
Frisch gebackener Kuchen:
Widmii
Frisch gehacktes Holz:
Quirsina
Frisch geschliffene Diamanten:
Soraius

Frische Farbe in Ateliers:
Gotzia
Frisches Heu:
Lisia
Frische Luft:
Klara, Festa
Frische Meeresluft:
Sandtifia
Frischgeputzte Räume:
Gotzia
Frische Waldluft am Abend:
Mercarius
Eis in der Natur:
Sethee
Gebrannte Mandeln:
Kiwan
Getrocknete Erde:
Pentagus
Gestein:
Maranta
Goldstaub:
Goldase
Grapefruit:
Mirinda
Kalk:
Selena
Kälte von Gebirgsbächen:
Silame
Kardamom:
Mirinda
Korallen im Wasser:
Sandtifia

Lavendel:
Salomon
Lilien, weiß:
Kristallina
Luft nach einem Gewitter in den Bergen:
Felta
Luft, staubiger:
Rintzia
Mandarinen:
Mirinda
Mandelgebäck mit Aprikosenduft:
Amorosia
Meeresbrise:
Amethysia, Sethee
Moschus:
Mercarius
Muscheln:
Maranta
Nasse Erde:
Pentagus
Nebel:
Selena
Orangen:
Kiwan
Pfirsich:
Goldase
Rose:
Elga, Fantasia, Tisia, Topassia, Virgini
Sahara-Sand, wehend:
Rintzia
Selbst gemachte Nudelsuppe:
Widmii

Sonnenstrahlen auf der Erde:
Alizia
Sonnenstrahlen auf der Haut:
Alizia
Steinbruch:
Quirsina
Thymian:
Elga
Trockene Hitze und der Regen danach:
Ritha
Unentdeckte Perlen:
Mesentia
Vanille:
Aurelia, Klara, Tisia, Türkisia,
Veilchenduft:
Kiwan
Wärme des Feuers:
Silame
Wasser, klar und fließend:
Delfinia
Weihrauch:
Selma, Elga
Weite Steppe:
Marusa
Zimt:
Mirinda, Virgini
Zitrone:
Türkisia, Tisia
Zitrone, am Baum hängend:
Fantasia
Zitronenbäume an der Amalfi Küste:
Lasaara

Zuckerwatte:
Selma, Kiwan
Zypressen:
Aurelia

Symbole und Sternenengel

Abnehmender Mond und Sonne in einem Kreis vereint:
Ritha
Achteck auf einem Kreis:
Elga
Adler:
Festa
Bergpanorama:
Felta
Blume des Lebens:
Selma
Blumen in allen Arten und Formen:
Ristia
Brücke von Berg zu Berg:
Aurelia
Delfin:
Delfinia
Dodekaeder:
Sethee
Dorje:
Amethysia
Drache:
Festa
Dreieck auf einem Kreis:
Goldase
Dreizack:
Mercarius
Dreizack des Wassermanns:
Sandtifia
Dreizackiger Blitz:
Silame

Druse:
Amethysia
Einhorn:
Fantasia
Elefanten:
Rintzia
Falke:
Festa
Fünfeckiger Stern:
Amorosia
Gämse:
Felta
Heiliger Geist, symbolisiert von einer weißen Taube mit göttlichen Strahlen:
Lisia
Herz:
Virgini
Hörner:
Rintzia
Ikosaeder:
Tisia
Kelch:
Topassia
Kleeblatt:
Kiwan
Kreis:
Sandtifia, Lasaara
Kreise in allen Größen und Farben:
Salomon
Koralle:
Delfinia

Liegende Acht:
Mirinda, Gotzia
Lilie:
Kristallina
Lotusblüte:
Kristallina
Mandalas aus farbigem Sand:
Marusa
Pegasus:
Fantasia
Pentagram in einem Kreis, der von zwölf goldenen Kugeln umgeben ist:
Pentagus
Pentagramm mit zwei weißen Eulen rechts und links:
Servitzius
Raute:
Widmii, Quirsina
Rose:
Klara
Rose in Symbolform:
Türkisia
Säule, römisch, tragend oder alleinstehend:
Selena
Sonne:
Virgini, Alizia
Steg an einem See oder am Meer:
Aurelia
Stern:
Maranta
Umrisse eines Segelbootes:
Quirsina

Unendlichkeit des Seins:
Gotzia
Viereck:
Sethee
Wellen:
Mesentia
Zwei goldene Ringe, die sich an einer Seite überschneiden:
Salomon

Kraftorte und Sternenengel

Ateliers:
Gotzia
Ausblick auf die Alpen von einem Gipfel aus:
Sethee
Bäche in Wäldern:
Lisia
Baumkronen:
Festa
Bayerische Alpen:
Servitzius
Berge:
Aurelia, Amethysia, Felta, Rintzia
Berggipfel:
Sandtifia, Felta, Festa
Bergseen:
Goldase
Blühende Blumenwiese:
Ristia
Boote, fahrend:
Festa
Brücken aller Art:
Lisia
Diamantmine:
Soraius
Engelstatuen, in der Nähe davon:
Mirinda
Felsen, die an einem Abgrund stehen, zum Beispiel an einem Felsenriff oder einem Bergtal:
Widmii

Feuer, traditionell:
Quirsina
Flüsse:
Delfinia, Ristia
Flussbäche:
Felta
Fontänen:
Amethysia
Friedhöfe:
Topassia
Geburtshäuser:
Topassia
Gemüsegärten:
Ristia
Geysire auf Island:
Virgini
Geysire:
Silame
Goldschmiede:
Kiwan
Glastonbury:
Aurelia
Gletscher:
Silame
Gumpen:
Fantasia
Hängende Gärten von Semiramis:
Mercarius
Hebammenpraxen:
Topassia
Höhen, luftig:
Fantasia, Felta

Kaminfeuer:
Alizia
Kapellen:
Elga, Topassia
Kindergärten oder in der Nähe davon:
Türkisia
Kirchen:
Elga, Topassia
Kleeblattfelder, Kleeblattbeete:
Kiwan
Königshäuser:
Soraius
Kraftorte der Azteken:
Aurelia
Kraftorte der Kelten in Deutschland:
Aurelia
Kraftorte der Kelten in Europa:
Elga
Kräutergärten:
Ristia
Kreativwerkstätten:
Gotzia
Laubbäume:
Festa
Luftige Höhen:
Kristallina, Ristia,
Obstgärten in der Blüte:
Goldase
Orte der Transformation:
Amethysia
Osterfeuer:
Alizia

Quellen:
Alizia
Malediven:
Lasaara
Marienbilder, die Nähe davon:
Mirinda
Mariengrotte in Lourdes:
Tisia
Marienstatue, in der Nähe davon:
Mirinda
Meere:
Amethysia, Aurelia, Delfinia, Mesentia, Maranta, Ristia, Sandtifia
Museen bildender Kunst:
Gotzia
Prunksäle:
Soraius
Pyramiden in Europa und Ägypten:
Salomon
Rosengärten:
Salomon
Schlösser:
Soraius
Schluchten:
Felta
Schmuckateliers:
Kiwan
Schmuckwerkstätten:
Kiwan
Schulen:
Topassia
Schutzengelbilder, in der Nähe davon:
Mirinda

Seen:
Ristia, Silame
Seen, klare:
Fantasia
Singvögel, in ihrer Nähe:
Selma
Spitzbergen:
Servitzius
Steinbrüche:
Quirsina
Steppe:
Rintzia, Ritha
Strände:
Amethysia, Sandtifia
Sonnenstrahlen:
Amorosia
Standesamt:
Topassia
Stonehenge:
Mercarius
Stürme auf weiten Flächen:
Sethee
Taiga:
Marusa, Servitzius
Täler:
Felta
Tante Emmaläden:
Soraius
Tempelanlagen, alt:
Selena
Thermalquellen:
Alizia

Tropo- und Stratosphäre:
Türkisia
Tundra:
Marusa
Wald, tief:
Mercarius
Wälder:
Klara, Topassia, Festa
Wasserfälle:
Amethysia, Delfinia, Quirsina, Sethee, Salomon, Türkisia, Quirsina
Wiese:
Klara
Vulkan:
Alizia, Amorosia
Weide:
Rintzia
Weite Flächen mit grasenden oder trinkenden Tieren:
Rintzia
Wolkenformationen bei Sonnenschein:
Fantasia
Wüste:
Rintzia, Ritha

☆☆☆

Krafttiere und Sternenengel

Afrikanischer Steppenhund:
Kristallina
Amsel:
Selma
Adler:
Festa, Liberta, Servitzius, Silame, Soraius
Bär:
Aurelia, Marusa, Türkisia
Biene:
Alizia, Amorosia, Pentagus
Brieftaube:
Soraius
Delfin:
Delfinia, Liberta, Sandtifia ,Virgini
Drache:
Klara, Quirsina
Dromedar:
Ritha
Einhorn:
Fantasia, Pentagus
Elefant:
Amorosia
Erdmännchen:
Marusa
Esel:
Lisia
Eule:
Servitzius
Falke:
Festa, Sethee, Soraius

Falke, weiß:
Servitzius
Feldhamster:
Quirsina
Felsentiere:
Felta
Feuersalamander:
Alizia, Goldase
Fliege:
Festa
Gämse:
Felta
Gepard:
Elga
Glühwürmchen:
Fantasia
Gottesanbeterin:
Amorosia
Habicht:
Marusa, Mercarius
Hase:
Gotzia, Klara, Kristallina, Mirinda, Topassia, Virgini
Herdentiere:
Rintzia
Hummel:
Festa, Lasaara, Mirinda, Türkisia
Hund:
Mesentia, Tisia, Topassia
Hirsch:
Goldase
Kaninchen:
Alizia, Türkisia

Katze:
Sethee, Widmii
Kohlmeise:
Selma
Kolibri:
Mesentia, Mirinda
Kobra:
Mesentia
Koralle:
Delfinia
Krähe:
Soraius
Kreiselschnecke:
Kiwan
Krokodil:
Elga
Kröte:
Topassia
Lama:
Silame
Lamm:
Selena
Lachs:
Silame
Leopard:
Mesentia, Topassia
Libelle:
Klara, Virgini, Delfinia
Löwe:
Alizia, Crasanaa, Liberta, Pentagus, Soraius, Türkisia,
Luchs:
Elga

Manta-Rochen:
Maranta
Marienkäfer:
Fantasia, Lasaara, Widmii
Maultier:
Lisia
Maus:
Crasanaa
Meerkatze:
Mercarius
Muschel mit Perlen:
Soraius
Nilpferd:
Widmii
Pandabär:
Aurelia
Panther:
Topassia
Pegasus:
Fantasia, Pentagus
Phönix:
Goldase, Klara, Topassia
Pferd:
Fantasia, Silame
Pferd, Fohlen:
Fantasia
Pferd, wild:
Fantasia
Pferd, weiß:
Quirsina
Plankton:
Lasaara

Rabe:
Soraius
Regenwurm:
Gotzia
Robbe:
Selena
Rotkehlchen:
Lasaara, Selma
Rudeltiere:
Rintzia
Salamander:
Selena
Schaf:
Selena
Schlange:
Topassia
Schmetterling:
Amethysia, Elga
Schmetterling, weiß:
Selena
Schnecke:
Sandtifia
Schneeleopard:
Alizia, Sethee
Schwalbe:
Aurelia, Topassia
Schwein und Ferkel:
Kiwan
Seepferdchen:
Delfinia
Skarabäus:
Kiwan

Spinne:
Topassia
Steinbock:
Felta
Steppentiere:
Ritha
Taube:
Alizia, Pentagus, Topassia
Tiere der Lüfte:
Festa
Tiger:
Kristallina, Marusa, Mercarius
Waschbär:
Gotzia, Crasanaa
Wal:
Sandtifia
Wolf:
Aurelia, Delfinia, Mercarius

Pflanzen und Sternenengel

Alge:
Sandtifia
Anemone, weiß:
Virgini
Apfelbaum:
Rintzia, Topassia
Apirkosenbaum:
Topassia
Aster:
Sethee
Berberitze:
Kristallina
Cosmea:
Virgini
Bergblume:
Felta
Buche:
Alizia, Gotzia, Selena
Buschwindröschen:
Rintzia
Edelweiß:
Felta, Quirsina, Sandtifia, Silame, Topassia
Eiche:
Alizia, Aurelia, Mercarius, Selena
Enzian:
Felta, Mesentia
Erle:
Gotzia
Farn:
Amorosia

Flieder:
Amethysia
Gänseblümchen:
Türkisia
Gladiole:
Topassia
Glockenblume:
Alizia
Goldregen:
Kiwan
Gräser:
Sandtifia
Heckenrose:
Sethee
Heilkräuter:
Klara
Hibiskus:
Servitzius
Hyazinthe:
Goldase
Holunderstrauch:
Tisia
Huflattich:
Kristallina
Kaktus:
Mercarius, Silame
Koralle:
Maranta
Kiefer:
Elga, Felta
Kirschbaum:
Topassia

Laubbäume:
Amorosia, Festa
Linde:
Fantasia, Pentagus, Selena
Lilie:
Crasanaa , Kristallina, Liberta, Türkisia, Silame, Topassia
Lotusblüte:
Mercarius
Maiglöckchen:
Soraius, Amethysia
Margerite:
Klara, Tisia, Topassia, Türkisia
Märzenbecher:
Quirsina
Nadelbäume:
Festa
Orchidee:
Elga, Fantasia, Lasaara
Pampasgras:
Delfinia
Pflanzen der Tundra und Taiga:
Marusa
Pflanzen des Waldes:
Festa
Preiselbeere:
Mesentia
Rose:
Amorosia, Kristallina, Mesentia, Tisia,Topassia, Widmii
Rotklee:
Lisia
Sanddorn:
Elga

Schilf:
Maranta
Schmetterlingsstrauch:
Amethysia
Schneeglöckchen:
Servitzius, Sethee, Soraius
Schneerose:
Mirinda, Servitzius
Seegras:
Maranta
Seerose:
Fantasia, Mirinda, Soraius
Sonnenblume:
Widmii
Strelitzie:
Goldase
Sonntentau:
Widmii
Sumpfdotterblume:
Lisia
Trauerweide:
Delfinia
Tulpe:
Aurelia, Kristallina, Selma, Topassia
Tulpe, weiß:
Klara
Veilchen:
Mirinda, Topassia
Venusfliegenfalle:
Widmii
Vergissmeinnicht:
Aurelia, Kiwan

Vogelmiere:
Festa
Wacholderbaum:
Crasanaa
Weide und Palmkätzchen:
Delfinia, Kiwan, Soraius
Weihnachtsstern:
Widmii
Wildblumen, weiß:
Rintzia
Ysop:
Lisia
Zimmerpflanzen:
Fantasia
Zypresse:
Tisia

☆ ☆ ☆

Danksagung

Ich möchte mich bei den lieben Engeln des Smaragd Verlags von ganzem Herzen bedanken. Ihr unterstützt mich immer bei meinen göttlichen Ideen, meinen Impulsen und Durchsagen.

Ich bedanke mich ebenfalls bei meiner Tochter, die kleine Spiri-Maus, bei meinen Eltern, die seit meiner Geburt immer hinter mir stehen, und bei meinen lieben Freundinnen Bettina, Nicole, Silke, Britta und meiner lieben Kati-Maus. Was würde ich ohne euch nur machen? Ich sage danke, dass ihr mich in meinem Tun und Sein unterstützt.

Ich sende euch allen von ganzem Herzen meine Liebe.
Danke, dass ihr in meinem Leben seid!

Über die Autorin

Sabine Skala ist Sternengeborene und eins der ersten Indigokinder der 70er Jahre. Als Heilpraktikerin, Heilerin und Medium arbeitet sie seit 2003 in ihrer Praxis für Energietherapie und Neues Bewusstsein in Sauerlach bei München. Ihre Aufgabe ist es, den Menschen in ihrer Transformation und Heilung zu helfen, damit sie erkennen, wofür sie auf Erden gekommen sind. Sie hilft ihnen mit medialen Gesprächen und Heilbehandlungen, die Ursache für ihre Beschwerden und Probleme zu finden und aufzulösen, damit sie die Möglichkeit erhalten, immer klarer den Impulsen ihres Herzens zu folgen. Sie geleitet die Menschen auf ihrem Lebensweg und führt sie an ihr wahres Sein heran.

Sabine Skala nimmt Kontakt auf zu höheren Dimensionen und Lichtwesen, um den Menschen persönliche Botschaften und heilende Energien zu überbringen. Ihr mediales Potenzial macht es ihr möglich, mit dem persönlichen Sternenengel eines jeden Verbindung aufzunehmen, seinen Namen zu erfahren und seine Botschaft niederzuschreiben.

Kontakt und Informationen:
Tel.: 08104-888308
E-Mail: S.Skala@t-online.de

Homepage:
Autorin und Medium für Persönliche Botschaften:
www.sabine-skala.de
Praxis für Energietherapie und Neues Bewusstsein:
www.heile-deinen-koerper.de

Buchempfehlungen

Zora Gienger
Engelheilkunde
216 Seiten, A5, gebunden, mit Leseband
ISBN 978-3-95531-165-0

Die Engelheilkunde gehört zum Bereich des geistigen Heilens und stellt die liebevollste und einzigartigste Art des geistigen Heilens dar. Hierbei findet die wunderbare, lichtvolle und heilsame Energie der Engel konkrete und bodenständige Anwendung, indem ein eigener Heilengel kreiert wird, der jederzeit für alle Lebenslagen zur Verfügung steht und den Zugang zur eigenen Seele und zur höheren göttlichen Ordnung öffnet, um heilende Energien der Liebe fließen zu lassen und die Selbstheilungskräfte in Leib und Seele zu aktivieren.
Die liebende Heilkraft der Engel wirkt wohltuend auf körperliche Beschwerden, Krankheiten, schmerzhafte Seelenzustände, bei Schicksalsschlägen und während Zeiten der Veränderung, des Wachstums und der Neuorientierung. Es geht um tiefe Transformationsprozesse während großer Herausforderungen im Leben, um Neuorientierung und Neuanfang.

Sabine Skala
Sterben und Werden
Erkenntnisse Verstorbener in den ersten sechs Wochen nach dem Tod
104 Seiten, A5, broschiert
ISBN 983-3-95531-126-1

Was geschieht mit uns nach dem Tod?
Wie können wir mit Verstorbenen kommunizieren?
Wie können wir ihre Zeichen wahrnehmen und deuten?

Was geschieht mit uns nach dem irdischen Tod? Das ist wohl DIE Frage, die uns in unserem Dasein am meisten beschäftigt.
Oft geschehen seltsame Dinge vor und nach dem Tod, die sich die Hinterbliebenen nicht erklären können. Die Autorin, die mit den Seelen Verstorbener kommunizieren und bereits während des Sterbeprozesses Bilder und Informationen von ihnen empfangen kann, beschreibt einige davon und erklärt diese Phänomene. Viele Verstorbene haben Kontakt mit ihr aufgenommen, um Botschaften für die Hinterbliebenen und ihre Erfahrungen auf dem Weg ins Licht zu überbringen.
Sabine Skala: „Mein Anliegen ist es, allen Hinterbliebenen mit meinen Erkenntnissen Trost zu spenden in der schweren Zeit der Trauer."